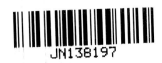

社会保障の数量分析

Quantitative Analysis on Social Security

清文社

まえがき

政府から国民はさまざまなサービスを提供されているが、私たちの暮らしに最も強く直接的に関係しているのは社会保障である。受けられるそのサービスは、誕生前後、就学期、就労する青壮期、年金を受給する退職期というライフステージの4段階に分けてみることができる。

誕生前には、母子保健事業による妊婦検診と母子健康手帳の交付があり、生まれてからは定期健診や予防接種が行われる。また中学3年生までは児童手当が支給され、共働きの場合等には保育サービスを受けることができる。高校・大学生の間も、病気やケガをしたら、医療制度をつうじて医療サービスを受けることができる。原則的には自己負担率は3割だが、小学校就学前なら2割である。

就職してからは、業務上および通勤時の事故やケガに対しては、労働者災害補償保険により必要な保険給付が行われる。また、失業した時には、雇用保険により失業給付が行われ、再就職するまでの生活を支えてくれる。

退職後は、年金制度をつうじた年金給付が行われ、老後の所得補償として大きな役割を果たしている。また、一生のうちで万が一生活困難な状態に陥った時には、生活保護制度が最後のセーフティーネットとして用意されている。このように社会保障は国民が安心して暮らしていくために必要不可欠なものである。

2016年度一般会計当初予算でみると、社会保障関係費は32兆円であり、国家予算96.7兆円の約3割を占めている。先進国では、経済が発展すると社会保障にかかる費用も拡大するのは同様の傾向である。少子高齢化が進むなかで、増大する社会保障にかかる費用の抑制とその財源調達が、すべての先進国で問題となっている。

ところが近年、これだけ豊かな日本の社会でありながら、貧困の問題が大きく取り上げられている。本当に貧困は拡大しているのであろうか。また、少子高齢化で日本の社会保障制度が崩壊の危機に直面しているといわれるが、本当であろうか。

筆者は大学院時代から、財源調達の問題、政府の政策が家計や企業、経済に与える影響などを、理論モデルにもとづいて分析することを試みてきた。本書では、これまでの経験を踏まえて、まず実際のデータにもとづいた数量的なデータ分析を行い、現状把握と問題の抽出をした。その後に、現行制度を前提とした政策の方向性を検討した。

本書の各章の分析は、筆者が大学院時代から現在に至るまで携わってきた社会保障の実証分析の結果を踏まえ、新たなデータを加えて数量分析を試みたものである。この間、大学と大学院時代には、本間正明先生、猪木武徳先生、齊藤愼先生、跡田直澄先生に、国立社会保障・人口問題研究所では学術振興会特別研究員として、金子能宏先生にご指導を賜った。理論、制度、統計解析、数量分析といった専門的研究の手解きしていただき、こうした1冊の本をまとめることができたのであり、諸先生方にはあらためて厚く御礼を申し上げる次第である。

現実的には、まだまだ不十分なものと思われるが、現段階での日本の現状をとらえながら、制度のあり方を取りまとめてみた。今後の研究の発展のために、ご批判、ご助言をいただければ幸いである。なお、本書作成にあたっては、清文社に編集の労をとっていただいた。ここに記して、感謝申し上げる。

最後に、これまで我儘な著者を温かく見守ってくれた両親に深甚なる感謝の意を表するとともに、本書を捧げるものである。

2017年10月

吉田有里

目　　次

まえがき

第1章　序　論　1

1-1　社会保障とは……1
1-2　政府の役割と社会保障……2
1-3　数量分析による現状把握……4

第2章　日本の社会保障制度—歴史的変遷と現状—　7

2-1　歴史的変遷……7
（1）制度の成り立ち　7
（2）社会保障の範囲　8
（3）社会保障の規模　10
2-2　社会保障給付と経済の動向……12
（1）社会保障給付の変遷　12
（2）経済動向との関係　13
2-3　年金給付と財源の推移……14
（1）給付の推移　14
（2）給付財源の推移　14
2-4　医療給付と経済の動向……16
（1）給付の推移　17
（2）経済動向との関係　18
（3）給付財源の推移　19
2-5　雇用保険と生活保護の推移……20
（1）雇用保険の推移　20
（2）生活保護の推移　21

2-6　揺るぎない制度 …… 24

第3章　年金制度のあり方と経済活動　27

3-1　制度の歴史的変遷 …… 27
3-2　制度の現状 …… 30
（1）公的年金の役割の大きさ　30
（2）制度を支えてきた仕組み　32
（3）年金水準の問題　33
（4）積立金の問題　35
3-3　年金と経済活動 …… 36
（1）家計と負担　36
（2）企業と負担　37
（3）国庫負担　39
（4）高齢者の経済活動　40
3-4　今後の課題 …… 42
（1）収入面　42
（2）給付面　43

第4章　医療制度のあり方と経済活動　45

4-1　制度の歴史的変遷 …… 45
（1）医療財の特性　45
（2）歴史的変遷　47
4-2　制度の現状 …… 50
（1）量の確保　50
（2）質の確保　51
（3）医療費の高騰　51
（4）財政構造の不安定性　55
4-3　医療と経済活動 …… 57
（1）マクロ的消費行動　57

（2）ミクロ的消費行動　58
（3）労働供給　60
4－4　価格と医療供給 …… 62
（1）診療報酬　62
（2）薬価基準　66
4－5　今後の課題 …… 67
（1）ナショナル・ミニマムとしての高齢者医療　67
（2）高額療養費制度と民間保険　70

第5章　介護保険制度のあり方と経済活動　73

5－1　制度の概要と変遷 …… 73
（1）概要　73
（2）変遷　76
5－2　経済分析の展望 …… 78
5－3　制度の問題 …… 83
（1）現状　83
（2）介護費用の要因分解　85
（3）財政構造　87
（4）介護報酬　89
5－4　今後の課題 …… 91
（1）介護費用の抑制　91
（2）介護市場の拡充　94
（3）保険財政の長期的安定化　97

第6章　貧困と不平等　101

6－1　貧困の実態 …… 102
（1）現状　102
（2）被保護世帯の増加要因　104
（3）被保護世帯の増加への対策　109

6－2　貧困論議の展望 ……………………………………………112
6－3　不平等の実態 ………………………………………………115
（1）全年齢層の不平等度　116
（2）年齢層別・世代別の不平等度　118
6－4　今後の改革 …………………………………………………122

第7章　社会保障と財源　125

7－1　改革の必要性と考え方 ……………………………………125
7－2　給付と負担の将来予測 ……………………………………128
7－3　家計への影響 ………………………………………………130
7－4　企業への影響 ………………………………………………132
7－5　消費税の引き上げ …………………………………………134
（1）有効性　134
（2）問題点　136
（3）消費抑制効果　138
7－6　財源調達からみた制度改革 ………………………………141

結　び　143

参考資料・参考文献　145

索　引　155

第1章
序　論

1-1　社会保障とは

社会保障という言葉を広辞苑で引くと、「国民が健康で文化的な最低限度の生活を営めるように保障するための立法措置。社会保険・生活保護・公衆衛生などにわたり、国が統一的に運営する」とある[(1)]。しかし、社会保障という用語に普遍的な定義があるわけではない。国によってさまざまな意味と内容を込めて使われているのが現状である。

社会保障（social security）という言葉が最初に公式に使われたのはアメリカである。ニューディール政策の一環として1935年に制定された社会保障法において使われた。アメリカでは、社会保障という言葉の適用範囲は狭く、主に国営の年金制度（老齢・遺族・障害年金）と、高齢者と低所得者向けの医療制度とされている[(2)]。

イギリスでは、社会保障という言葉は、1942年にベヴァリッジ（W. Beveridge）が発表した報告書『社会保険および関連サービス』（ベヴァリッジ報告）のなかに見出すことができる[(3)]。ベヴァリッジは社会保障を「社会保障とは、老齢、廃疾、疾病、失業による収入の喪失、中断、および出産、死亡などによ

（1）　岩波書店『広辞苑』より引用。

（2）　詳細については、大西秀典（2003）「第7章　アメリカの社会保障」『各国の社会保障』足立正樹編著を参照のこと。

（3）　W. Beveridge（1942）, *Report on Social Insurance and Allied Services*, HMSO より引用。

る一時的支出の増大というニードに対して、社会的に容認される最低限度の生活を、公的に保障する制度である」と定義しており、いわゆる最低限度の所得保障をいう。

これに対して日本では、社会保障は 1946 年に制定公布された憲法第 25 条「すべて国民は、健康で文化的な最低限度の生活を営む権利を有する。国は、すべての生活部面について、社会福祉、社会保障及び公衆衛生の向上及び増進に努めなければならない」に即している。

このように定義自体は各国でさまざまであり、それぞれの理念にもとづいて社会保障制度が確立されている。では、なぜ社会保障を政府が実施する必要があるのであろうか。政府の役割とは何かを考えてみよう。

1－2　政府の役割と社会保障

政府の基本的役割には、「資源配分の効率化（allocative efficiency）」と「分配の公正化（distributive justice）」という二つの側面がある。

「資源配分の効率化」とは、市場メカニズムを通じて、国内にある資源の最適な資源配分を実現することである。そのためには、完全競争市場が存在していることが前提となる。しかし、将来に対する不確実性（uncertainty）や大きなリスク（risk）の発生が予想されるために、国民にとって必要な財・サービスでありながらも、民間市場がない場合には、政府が自らその市場を作る必要がある。具体的な事例としては、1960 年当時の日本では、医療保険市場が挙げられる。

いつかかるか分からない疾病というリスクに備えるため、医療保険市場は民間でも作れるはずである。本来こうした保険では、病気にかかりやすい人もかかりにくい人も一緒に加入してリスクをプールし合うことが求められる。しかし、民間に任せたままでは、保険供給側は現在慢性疾患にかかっている人や近い将来そうした疾患を患う可能性のある人を排除しようとする（逆選択：adverse selection）し、需要者側は健康な人ほど加入しないため、保険が成り立たなくなる可能性がある。そこで、政府が社会保険というかたちで強制加入を原則とする医療保険市場を作っている。

また、民間市場が存在したとしても、その市場をかく乱させる消費者ないしは生産者が登場する可能性は否定できないので、マーケット動向は常に監視しておくことが必要となる。これも政府の役割といえる。具体的な事例としては、医療市場、介護市場などにおける各種規制が挙げられる。

もう一つの政府の役割である「分配の公正化」とは、人々の持つ稼得能力に大きな格差がある場合に、それが非常に低い人に対して一定レベルの所得を保障すること、また稼得能力の格差が存在する状況で市場での競争が行われると、結果として稼得能力格差以上の所得格差を発生させる可能性があるので、それを是正するということである。

具体的な事例としては、生活保護、障がい者福祉、公的年金などが挙げられる。公的年金とは、高齢によって退職を余儀なくされ所得を失った場合の所得保障を、現役世代からの所得移転で行う制度である。また、生活保護や障がい者福祉は、病気や障がいにより健常者と同じレベルの稼得能力を保持できない人々に、健常者と同様に市場での競争に参加できるように、不足する所得を補填する制度である。

経済学的には、「資源配分の効率化」と「分配の公正化」という二つが政府の役割として指摘されているが、これらを実施するための財源を調達することも、政府の役割である。いかなる税で財源を調達するか、またどのようにして調達するかが問題となる。所得ベースへの課税、あるいは保険料を中心とするのか、または付加価値ベースへの課税も行うのかが、財源論としては問題とされる。また、税を通じた再分配として、所得税の税率や累進度をどの程度とするかも問題となる。

本書では、先に示した経済学上の二つの役割を果たす各社会保障制度の現状分析を踏まえて、今後の制度のあり方、さらには制度維持のための財源調達のあり方を検討する。

1-3　数量分析による現状把握

2015年度の名目GDP（2011年基準）は532.2兆円、1人当たり名目GDPは419.1万円という経済規模を有する日本において、近年、貧困が問題となっている。児童手当の増額や教育の無償化の議論もあるが、本当に貧困化が進んでいるのであろうか。豊かな社会に潜む、貧困や不平等がどの程度浸透しているのであろうか。その実態を実際のデータで数量的に把握することは非常に重要であるが、これまであまり十分には試みられていない。

また、少子高齢化が急速に進むなかで、年金・医療・介護などの各制度そのものの持続可能性に疑問が持たれている。日本の制度はそれほど脆弱なのであろうか。年金では、団塊の世代が本格的に年金を受給し始める年である2015年問題としてかなり以前から問題提起されてきたが、基礎年金制度やマクロ経済スライドの導入、2017年度からのマクロ経済スライドの改正などで、あまり大きな軋轢を生みださずに、次のステップに進みつつある。医療でも、2025年問題が取り沙汰されているが、これも回避策が遠からず見いだせるのではないだろうか。

貧困の深化、財政危機の深刻化など、多くの問題が指摘されているが、日本の社会保障制度を客観的に実際のデータにもとづいて現状を数量的に再確認し、真の問題を抽出することが、いま最も重要なことである。そうした現状把握のうえで、現行制度を踏まえた、今後必要な改革（reform）を検討することが、本書の目的である。

そのために本書では、以下のような構成で議論をすることにした。第1章では、本書が対象としている社会保障の意味と政府の役割との関係、すなわちなぜ政府が社会保障を実施する必要があるのかを述べる。そして数量分析による現状把握と問題点の抽出、そのうえでの改革の検討という、本書の目的について述べる。最後に、本書の構成を述べる。

第2章では、社会保障制度の全体像を把握するために、制度の成り立ち、範囲および財政規模を示す。そして、社会保障制度とそれを構成する年金制度、医療制度、雇用保険と生活保護制度について、給付と財源の現状、経済動向との関係を数量的に分析し、現行制度が抱える問題点を指摘する。

第３章では、まず年金制度の概要と変遷を解説したうえで、年金制度の現状を数量的に把握し、それが果たしている役割と問題点を指摘する。次に、年金制度のなかでも注目されている負担と給付について、負担側である家計、企業、政府、給付側である年金受給者というそれぞれの視点から、経済との関わりを明らかにする。最後に、年金改革の課題について論点を明示する。

第４章では、まず医療財の特性と保険制度の役割、制度の概要と変遷を解説したうえで、医療制度の現状を数量的に示す。とくに医療費の要因分解と財政構造の不安定性について分析する。また、医療制度と経済との関わりを、総務省の『産業連関表』や『家計調査年報』などにもとづいて数量的に明らかにする。次に、医療保険を考える際に重要な診療報酬や薬価基準という価格に重点をおいた分析を行う。最後に、今後の課題について述べる。

第５章では、まず介護保険制度の概要と変遷を解説する。次に、吉田（2001）が行った計算可能型一般均衡モデル（Computable General Equilibrium Model）を用いた介護保険に関する経済分析のシミュレーション結果を紹介する。続いて、介護保険の現状を数量的に分析し、また介護費用の要因分解も行う。そして介護保険の論点を整理し、その問題点を提示して、最後に今後の課題について述べる。

第６章では、貧困と不平等について議論する。前半では、日本の貧困層である生活保護世帯の実態を数量的に分析し、その増加要因と対策を考察する。また貧困論議の展望を述べ、近年関心が高まっている相対的貧困は不平等の問題であることを示す。後半では、所得分布の不平等度の実態を時系列、年齢層別、世代別のライフサイクルで計測し、その要因分析をする。そして現行の所得分配のもとでの累進課税のあり方について考察し、今後の社会保障給付費の財源調達について論評する。

最後に第７章では、社会保障制度改革に対して「財源調達の効率化」のアプローチに従い、財源調達のあり方について議論する。ここでは、とくに消費税に注目する。消費税には消費抑制効果が懸念されている。そこで消費税が家計消費に与える影響について、『家計調査年報』の月次データからその有効性を検証する。

日本の個々の社会保障制度には、なお、さまざまな問題が残っている。しかし、制度全体としては、かなり頑健なものであることが、数量分析の結果、明らかになった。いたずらに危機をあおるような議論が展開されることが多い昨今であるが、問題の本質を数量的に明らかにし、必要なリフォームのあり方を本書では個々の制度に対しても示してきた。

もちろん公的な制度の持続可能性を高めていくことも重要であるが、個人の自助努力、また非営利組織などを用いた共助のかたちの社会保障も 21 世紀の後半においては重要となってくる。こうした側面への研究が今後重要となってくることを最後に結びでは指摘した。

第2章
日本の社会保障制度
――歴史的変遷と現状――

本章では、社会保障制度の歴史的変遷を概観したのち、バブル崩壊後から現在までの制度の変遷を実際のデータにもとづいて明らかにしつつ、現行制度が抱える問題点を指摘する。

2-1 歴史的変遷

(1) 制度の成り立ち

日本の社会保障制度は、戦後、二つの勧告にもとづいて再建された(1)。一つは1948年に提出されたアメリカの社会保障制度調査団による勧告(ワンデル勧告)であり、もう一つは1950年の社会保障審議会による「社会保障制度に関する勧告」である。特に、後者は社会保険を中核としながら、公的扶助で補足していくという考え方をこの時点で提示し、その後の制度整備に大きく寄与した勧告と位置付けられている。

制度としては、1947年に労働者災害補償保険法と失業保険法が制定された。1948年には国家公務員共済組合法、1953年には日雇労働者健康保険法と私立学校教職員共済組合法が制定され、さらに同年には健康保険法が改正された。また、1954年には新厚生年金保険法も成立した。制度整備が進んだとはいえ、医療・年金における現在の分立した制度がこの時点で形成されたのである。

(1) 詳細については、厚生労働統計協会(2015)『保険と年金の動向2015/2016』を参照のこと。

日本が世界に誇る国民皆保険体制は、医療面では1958年の国民健康保険法の改正によりその推進が決定され、年金面では1959年に国民年金法が制定され、1961年には医療・年金の両面で制度的に確立されたといえる。その後、医療面では経済の順調な拡大を背景として、制度の整備・拡充が進められ、1973年には老人福祉法の改正により老人医療費の無料化、健康保険法の改正により家族給付率7割への引き上げおよび高額療養費制度の創設が実施された。年金面でも、同年に年金給付水準の引き上げ（所得代替率(2)の60%への引き上げ）、物価スライド制度の導入などが決定された。これらの制度改革はその後の医療費の高騰および年金財政の悪化の一因ともいわれているが、同年は以後「福祉元年」と呼ばれることになった。

しかし、1978年末の石油危機や高度経済成長期を背景とした放漫財政の継続による政府財政や保険財政の悪化により、一旦拡充された社会保障制度をいかに抑制するかが以後の課題となり、老人医療への自己負担の再導入や年金給付水準の引き下げなどが徐々に行われることになった。とはいえ、1980年代半ばからは日本経済がバブル期に入り、財政制約が弱まり、給付抑制のための制度改革は頓挫することになった。

年金面では、1985年には女性の年金権の確保と給付水準の60%化実現のため、基礎年金制度の導入といった制度の拡充型整備が行われた。医療面では、1986年に老人保健法が改正され、医療費の70%を現役の各保険が共同で拠出する新負担方式が導入された。さらに、1989年には「高齢者福祉推進十カ年戦略（ゴールドプラン）」が策定され、介護保険創設への準備が始まった。なお、介護保険は1997年に法律が成立し、2000年から実施された。

（2）社会保障の範囲

日本の社会保障制度において、その給付規模からみて中心的な医療と年金に焦点をあて、制度の成り立ちとその後の変遷をみてきた。しかし、制度としての社会保障の範囲はより広く、さまざまな制度が存在する。ここでは、その全

（2） 所得代替率とは、年金給付額と現役の生涯平均年収との比率である。

体像を紹介しながら、本書で取り扱う範囲を示すことにする。

社会保障の理念は、憲法25条「すべて国民は、健康で文化的な最低限度の生活を営む権利を有する。国は、すべての生活部面について、社会福祉、社会保障及び公衆衛生の向上及び増進に努めなければならない」に則したものでなければならないことはいうまでもない。しかし、経済が成長し成熟化するのに伴い、国民が必要とする保障の種類や給付のあり方は変化してきた。

この変化は、社会保障審議会の1950年と1995年の二つの勧告に如実に表れている。前者では、「社会保障制度とは、疾病、負傷、分娩、廃疾、死亡、老齢、失業、多子その他困窮の原因に対し、保険的方法又は直接公の負担において経済保障の途を講じ、生活困窮に陥った者に対しては、国家扶助によって最低限度の生活を保障するとともに、公衆衛生および社会福祉の向上を図り、もってすべての国民が文化的社会の成員たるに値する生活を営むことができるようにすることをいうのである」とした。他方、後者の勧告では、「社会保障制度の新しい理念とは、広く国民に健やかで安心できる生活を保障することである」とした。これにより、従来の社会保障制度を超えた「生活保障」という範囲も保障されることになってきている。

従来の範囲とは、表2-1に示した年金・医療・介護・労働からなる社会保険、児童福祉・老人福祉・障がい者福祉からなる社会福祉、公的扶助、公衆衛生・医療、住宅、その他の恩給や戦争犠牲者援護という制度・施策である。これに対し、表中で○を付した太字の制度・施策が、「生活保障」として近年追加されてきたものである。

表２-１　社会保障の全体像

概念	制度区分	具体的制度・施策
社会保険	年金保険	厚生年金保険、国民年金、共済組合等、 **○確定給付型企業年金**
	医療保険	健康保険（組合健保、協会けんぽ）、国民健康保険、共済組合、後期高齢者医療制度等
	介護保険	介護保険
	労働保険	雇用保険、労働者災害補償保険
社会福祉	児童福祉	保育所、児童養護施設等、 **○放課後児童対策**
	老人福祉	各種手当、生きがい就労等
	障がい者福祉	各種手当、自立支援等、 **○障がい者等就労支援**
公的扶助		生活保護
公衆衛生・医療		保健所設置、医療提供体制整備等 **○看護・介護従事者確保**
住宅		**○公共賃貸住宅家賃対策補助**
その他	恩給	恩給
	戦争犠牲者援護	戦争犠牲者援護
	○他の社会保障制度	**○就学援助制度、○中小企業退職金共済制度、** **○被災者生活再建支援事業、** **○地方公共団体単独実施公費負担医療費給付分**　等

出所：厚生労働統計協会（2015）『保険と年金の動向 2015 ／ 2016』の「表１　日本における社会保障の全体像（改訂版）」より作成。

（３）社会保障の規模

社会保障の規模を捉える統計には、担当省庁の違いあるいは国際基準への準拠等により、３種類がある。政府財政の概念にもとづくものとしては財務省の「社会保障関係費」、厚生労働省の ILO 基準にもとづくものとしては「社会保障給付費」、そして OECD 基準にもとづくものとしては「社会支出（Social Expenditure）」がある。

それぞれの規模をここでは示す。財務省の「社会保障関係費」は、2018 年度一般会計予算（歳出計）で32.0兆円、特別会計予算（純計）では65.8兆円である。このうち一般会計から特別会計への繰入金は11.4兆円である。したがって、一般会計と特別会計とを合わせた純計では、86.4兆円（＝32.0兆円＋65.8兆円－11.4兆円）となる。この数字だけでもいかに社会保障の規模が大きいかは理解できる。

しかし、厚生労働省の「社会保障給付費」の範囲は、政府の「社会保障関係費」に計上されている以上に大きい。国立社会保障・人口問題研究所の『社会保障費用統計』によると、2010年で100兆円を突破し、2014年には112.1兆円に達している。その差の一つの原因としては、公務員が加入する共済組合の年金部分や介護保険などの地方政府からの支出部分が特別会計に組み込まれていない点が挙げられる。では、OECD基準での「社会支出」ではどうだろうか。この基準では、施設整備費なども含まれるため、「社会保障給付費」よりも大きくなる傾向がある。2014年の総額は116.9兆円である。

いずれにしても、規模的にはかなり大きいことは明らかであるが、国際比較では必ずしも大きくないともいわれている。以下では、バブル崩壊以降現在までの「社会保障給付費」の変遷を年金・医療などの項目ごとに追いながら、制度の変遷や経済状況の動向と給付費の推移とを検討し、現行の社会保障制度の問題点を明らかにする。

2－2　社会保障給付と経済の動向

社会保障給付は経済動向と密接に関係している。ここでは国立社会保障・人口問題研究所が公表している「社会保障給付費」の総額の推移と経済成長との関係をみることにしよう。

（1）社会保障給付の変遷

「社会保障給付費」の推移を示した図2－1から、いくつかの特徴が指摘できる。第1に、1990年代に急速に増加していた点である。バブル崩壊後に経済成長率が低迷していたにもかかわらず、増加し続けていたのである。第2には、2000年代に入って以降、伸びが抑制されていた点である。政府によって、政策的に抑制されたためと考えられる。第3には、2009年頃から再び増大して

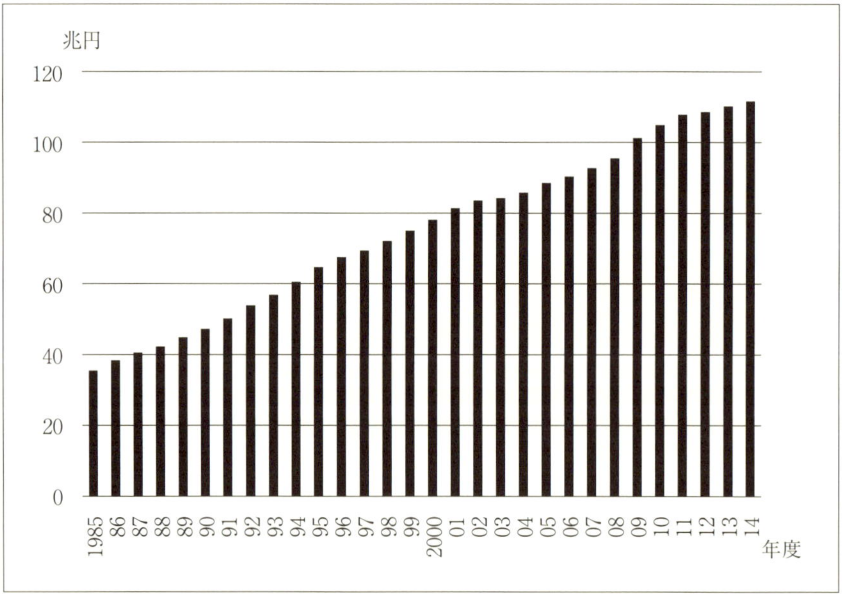

図2－1　社会保障給付費の推移
出所：国立社会保障・人口問題研究所『社会保障費用統計』より作成。

いる点である。これはリーマン・ショックによって雇用関係費が増大したことと、政権交代によって社会保障給付の拡充が進められたことによるものである。第4には、2012年の新政権誕生後、再び抑制されている点である。最後は、総額は2009年で100兆円を超え、2014年には112.1兆円となった点である。この水準は対GDP比22.9%という規模である。

以上から、「社会保障給付費」は政策的に抑制を図らないと増大する傾向にあり、そこに景気の大きな落ち込みが加わると、さらに増大してしまうことが理解できる。

(2) 経済動向との関係

ここでは、図2-2に示した経済成長と「社会保障給付費」の関係をみていくことにしよう。1985年から2014年までの間に、前者は7.2%から1.5%に、後者の増加率は6.1%から1.3%に、どちらもおよそ5分の1に低下している。

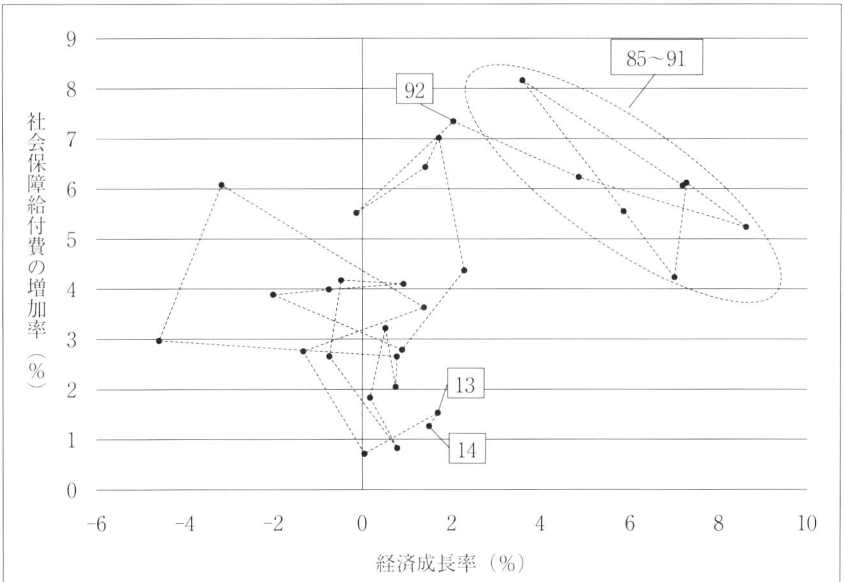

図2-2　経済成長と社会保障給付費
出所：社会保障給付費は図2-1と同じ。経済成長率は内閣府『国民経済計算年報』より作成。

全体的傾向としては、両者の関係を示す点が、図の右上から左下へと移動したといえる。

しかし、より詳細にみると、1985年から1991年までは、経済成長率が上がるにつれて「社会保障給付費」の増加率が低下する傾向がある。1992年以降は基本的には全体的傾向と同一となっている。これが、社会保障が政府財政の足を引っ張っているといわれる原因である。なお、2013年と2014年は、新政権誕生により、経済成長率よりも「社会保障給付費」の増加率の方が約0.2%抑制されている。

2－3　年金給付と財源の推移

ここでは、年金の給付と財源の推移を振り返ってみよう。

（1）給付の推移

図2－3に示されているように、年金給付費は、高齢化の進展に伴って、2013年までほぼ安定的に増加してきた。ただし、2014年には特例水準の解消により0.6%抑制されている。

より詳細にみると、2001年頃まで年金給付費は6％前後で安定的に拡大していたが、2002年以降、伸びが2％前後に低下している。この傾向は、被用者の年金給付の推移が作り出してきたといえる。ただし、全体的な推移とは異なるが、地域（国民年金）が一貫して拡大傾向にあることは注視すべき点として指摘しておく。

（2）給付財源の推移

図2－4は年金財源とその内訳の推移を示したものである。被保険者や事業主負担の収入は、1997年以前は比較的安定的に増加していた。ところが、それ以降、被保険者負担は停滞し、事業主負担はやや減少する。一方で、公費負担は増加傾向にある。また、1997年以降、その他の収入が大きく変動している。これは、2000年からの財政投融資制度改革により、年金資金の自主運用

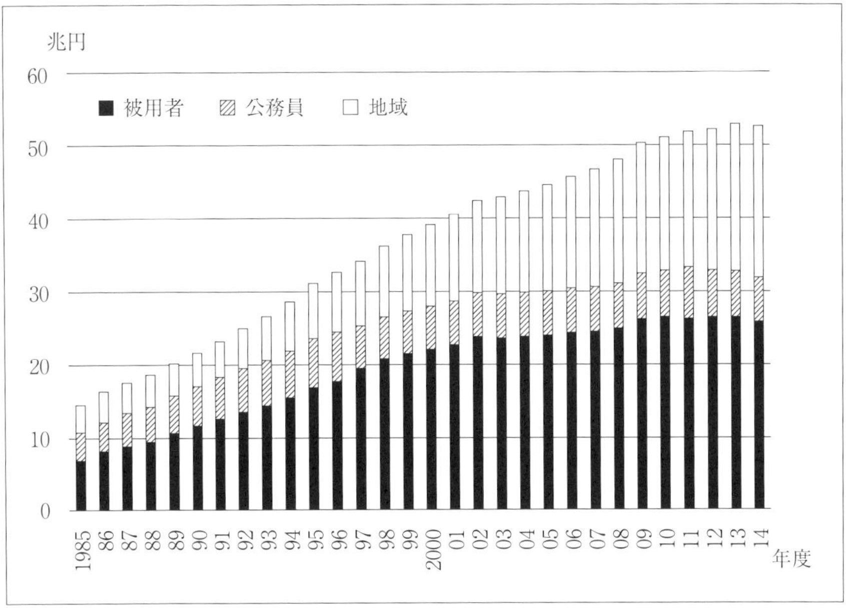

図2－3　年金給付費の推移と内訳

注：「被用者」は厚生年金、「公務員」は共済組合等、「地域」は国民年金である。

出所：図2－1と同じ。

が実施されたことによる影響と考えられる。その他の収入は大きく変動しているが、2000年度以降で平均すれば55兆円規模の収入がほぼ確保されていることは注目すべき点である。

図2－4に示された公費負担の推移には、2分の1国庫負担の実施が影響している。基礎年金へのその負担を2分の1に引き上げる制度改革により、2005年以降は国庫負担が徐々に増大し、2009年頃から2分の1相当分が本格的に予算化されたため、このような動きとなっている。これは制度改革による負担増であり、高齢化による増加部分とは区分して考えるべき問題といえる。

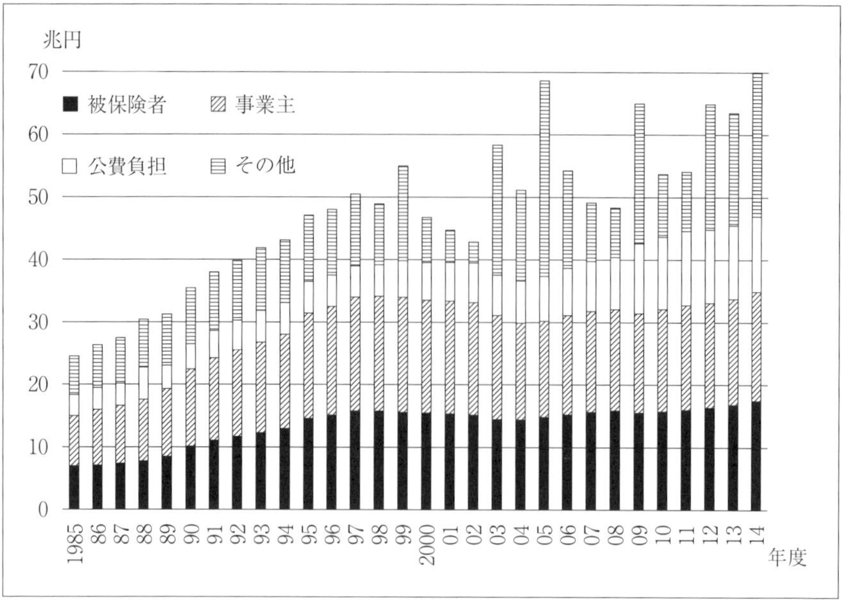

図2－4　給付財源の推移と内訳

注：「被保険者」と「事業主」は社会保険料、「公費負担」は国庫負担、「その他」は資産収入などである。
出所：図2－1と同じ。

2－4　医療給付と経済の動向

医療給付が経済動向と関係するとは、一般的には考えられない。むしろ、制度的には高齢化との関係の方が強いと考えられる。しかし、財源との関係を考慮すると、経済成長と医療給付との関係もみておく必要があろう。ここでは医療給付の推移と経済成長との関係を考察しておこう。

(1) 給付の推移

図2－5は医療給付費の推移とその内訳を示したものである。傾向的には1997年まではどの分野でも増大してきたが、そのなかで高齢者分の増大傾向がやや大きかった。1997年以降2004年までは、全般的には抑制傾向にあったが、内訳としては被用者が縮小し、公務員、地域（国民健康保険）、高齢者は停滞傾向となっていた。この傾向は、小泉内閣時に、経済成長率の範囲内に医療費を抑制する政策がとられた結果と考えられる。

しかし、2005年以降には再び増大し始め、なかでも地域が著しく増大し、2010年には高齢者も著しく増大している。小泉内閣時に医療費抑制に成功したのであるが、その後は再び増加し始め、とりわけ政権交代後の2009年以降は増大傾向が明確になっている。

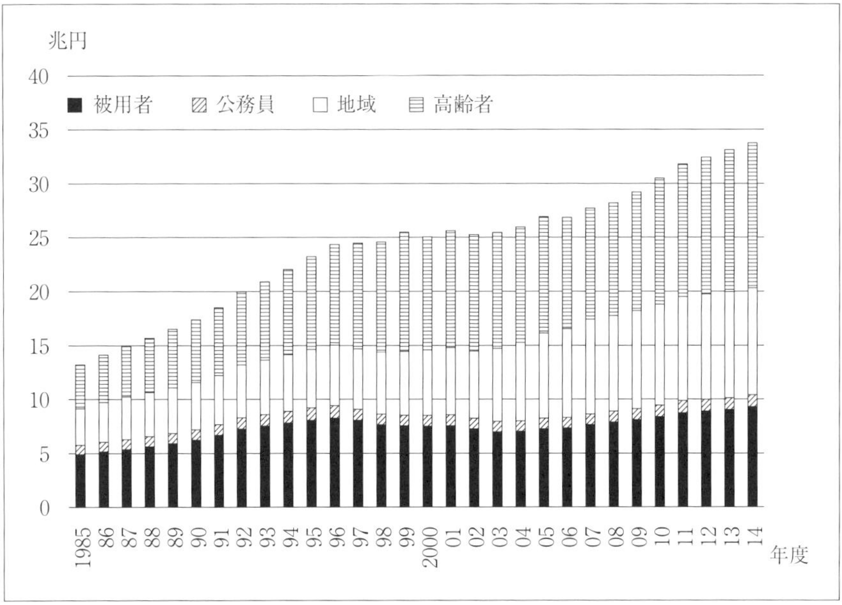

図2－5　医療給付費の推移と内訳

注：「被用者」は健康保険（組合健保、協会けんぽ)、「公務員」は共済組合等、「地域」は国民健康保険、「高齢者」は後期高齢者医療制度である。

出所：図2-1と同じ。

（2）経済動向との関係

図2－6は、医療給付費の増加と経済成長との関係を示したものである。医療給付費の増加率は、1996年までは6％前後であったものの、1997年以降は2％前後に抑制され、2009年以降には4％前後となっている。問題とすべきは、経済成長率が低下した1992年以降で、1997年、2000年、2002年、2006年を例外とすれば、医療給付費の伸びが経済成長率を上回っていたことである。医療面でも、以前には経済が成長すれば医療給付費の増加を抑制できるという関係があったが、低成長になって以降、医療給付費の伸びは経済成長率を超えて増加する傾向が表面化している。むしろ、経済成長と医療給付費の間に関係がなくなってしまったというべきかもしれない。

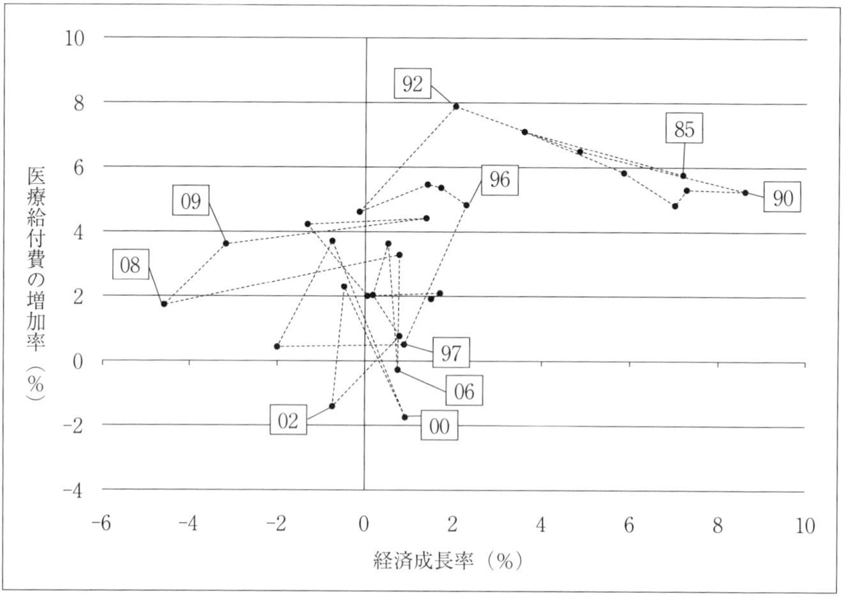

図2－6　経済成長と医療給付費

出所：医療給付費は図2－1と同じ。経済成長率は図2－2と同じ。

（３）給付財源の推移

図２－７は、医療財源の推移を示したものである。1996年までは順調な拡大傾向を示していたが、1997年以降2004年頃までは鈍化傾向となった。その主因は、経済成長の鈍化による事業主の保険料負担の停滞にあると考えられる。それを補うように、近年は、その他の収入の増加も顕著となっているが、やはり公費負担の増大傾向が明確になっている。今後、高齢化が進展するなかで、この負担の増加がどうなるのかが重要な問題となるであろう。

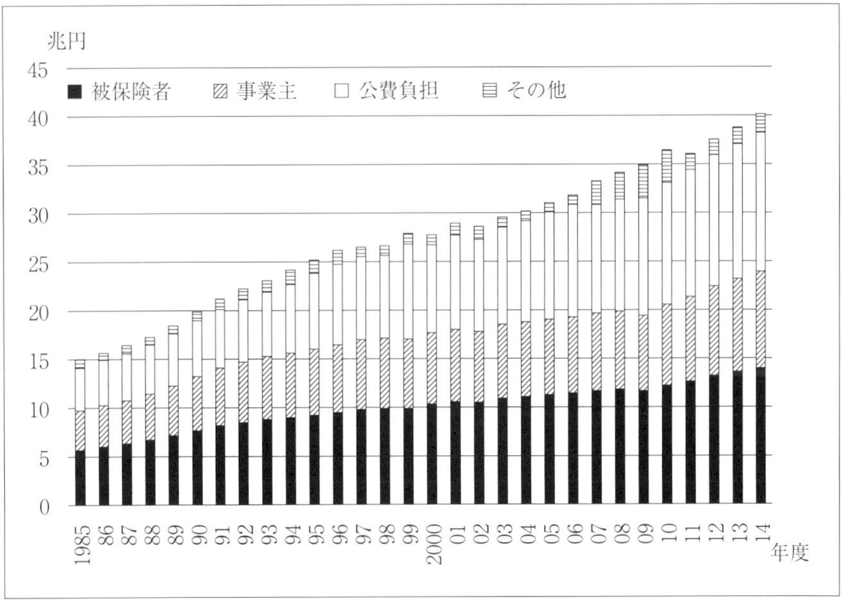

図２－７　給付財源の推移と内訳

注：「被保険者」と「事業主」は社会保険料、「公費負担」は国・地方政府の税負担、「その他」は資産収入などである。

出所：図２－１と同じ。

2－5　雇用保険と生活保護の推移

（1）雇用保険の推移

近年、高齢化が進展するなかで、長期にわたる経済停滞も加わり、「雇用保険」や「生活保護」にかかわる給付の増大も問題視されている。図2－8は雇用保険給付費の推移を示したものである。景気が安定していた90年代初頭までは、給付費は1.3兆円前後であったが、その後の不況により、給付費は拡大し、ピークの1999年には2.8兆円に達した。

2004年頃からは景気回復により一時的に給付費は減少したものの、2009年のリーマン・ショック時には2.7兆円に達してしまった。経済成長率と雇用保険給付費増加率の間には、図2－9にも示されているように、右下がり（逆相関）の関係があることが理解できよう。

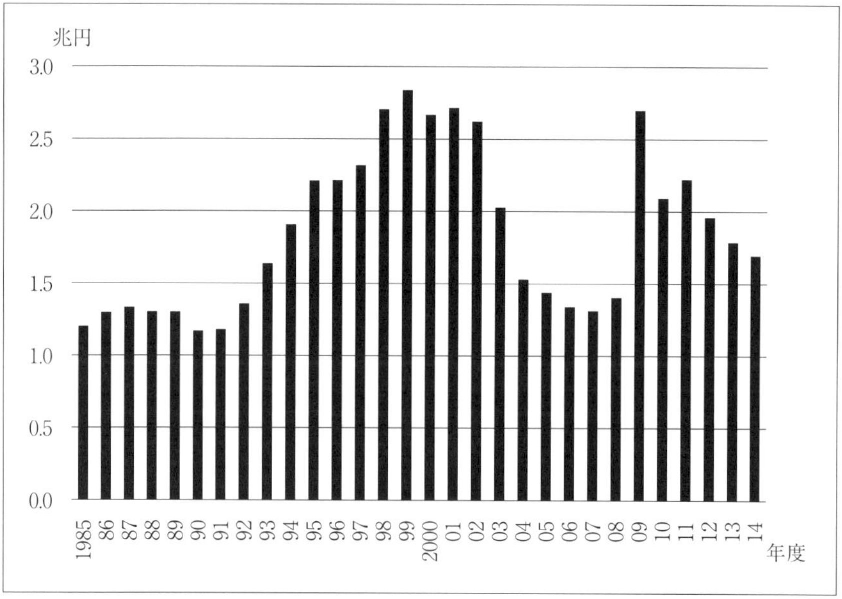

図2－8　雇用保険給付費の推移

出所：図2－1と同じ。

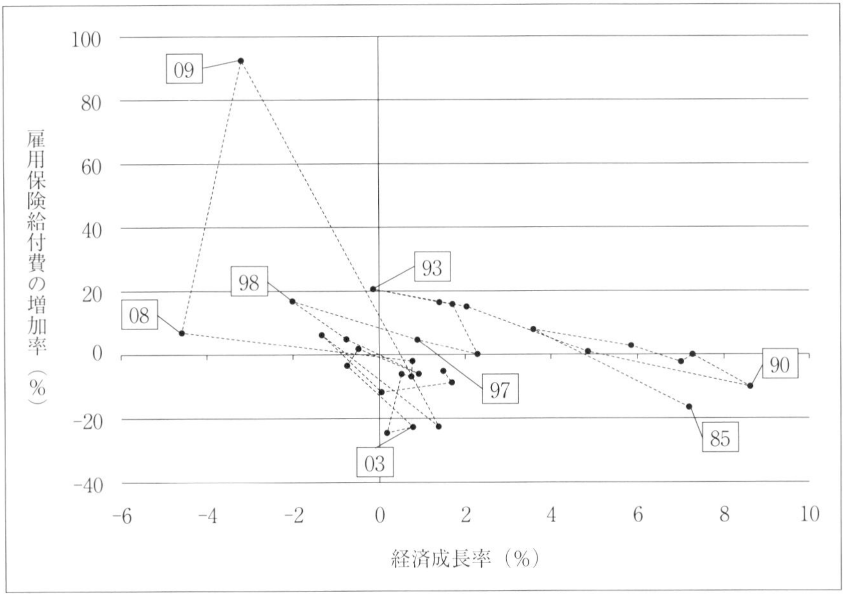

図2－9　経済成長と雇用保険給付費
出所：雇用保険給付費は図2－1と同じ。経済成長率は図2－2と同じ。

つまり経済成長を高めに誘導し、雇用の増大を図ることができれば、雇用保険給付費は抑制可能なのである。近年の公費負担の増加という問題は、景気の安定化政策によって解消可能ということである。したがって、今後の政府財政の問題と雇用保険とを結び付けて考える必要はないといえる。

(2) 生活保護の推移

図2-10は生活保護給付費の推移を示したものである。歴史的には、景気が安定していた1989年から1990年でも1.3兆円規模が給付されていた。バブル崩壊後（1993年以降）、2004年から2008年までを除いて、ほぼ一貫して給付費は増加した。リーマン・ショック後の2009年に給付費は3兆円を超え、その後は現在に至るまで増加の一途をたどっている。

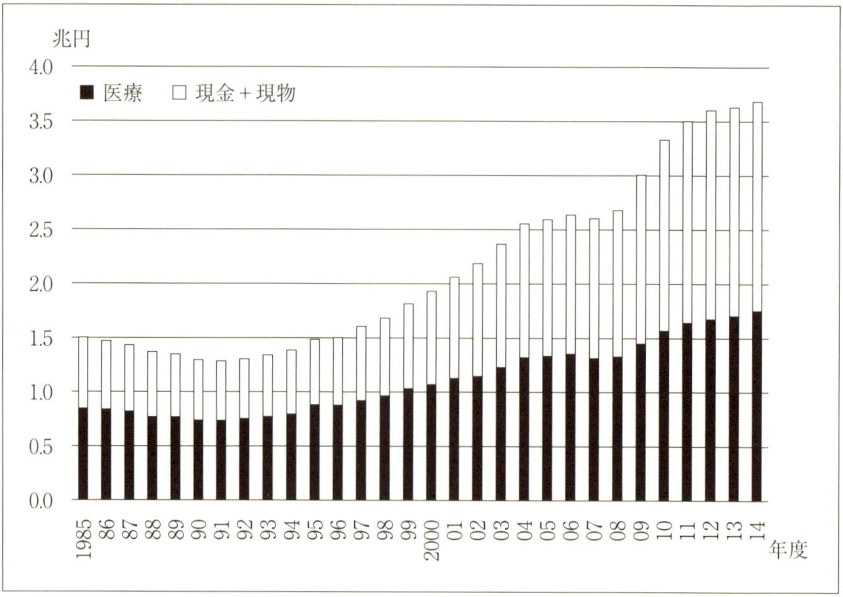

図２-10　生活保護給付費の推移と内訳

注：「医療」は医療扶助、「現金＋現物」は生活扶助と住宅扶助等である。

出所：図２-１と同じ。

生活保護給付費についても、経済成長との関係を図２-11でみていこう。2007年から2009年にかけてはやや例外的動きもみられるが、傾向的には右下がり（逆相関）の関係にある。つまり、生活保護給付費も景気と無関係ではなく、経済成長が高まれば生活保護給付費は減少する可能性があるといえる。

生活保護給付費の推移の背景として、どのような世帯が保護を受けていたかを世帯類型別の被保護世帯数の推移を示した図２-12でみていこう。景気が安定していた1980年代後半でも20万を超える高齢者世帯（以下、被保護高齢者世帯）が生活保護を受けていた。このような世帯は、病気等の理由で年金保険料を払うことができなかった世帯と考えられる。

一方、1993年以降の景気の悪化とともに、被保護高齢者世帯は増え続けている。本来、制度的には高齢者は年金を受給できるはずである。しかし、国民年金の場合、以前は40歳未満の納付率は約40％であり、40歳を過ぎた頃から

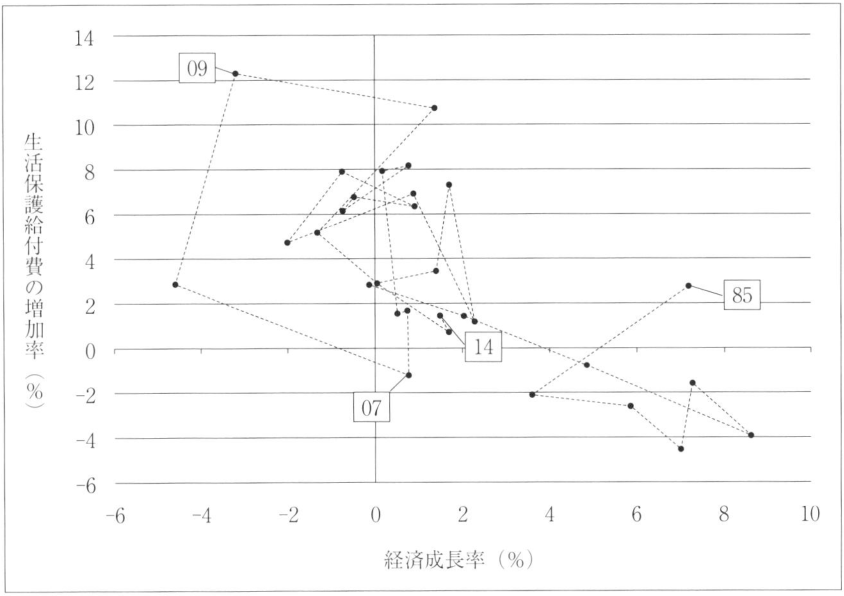

図 2 -11　経済成長と生活保護給付費

出所：生活保護給付費は図 2 - 1 と同じ。経済成長率は図 2 - 2 と同じ。

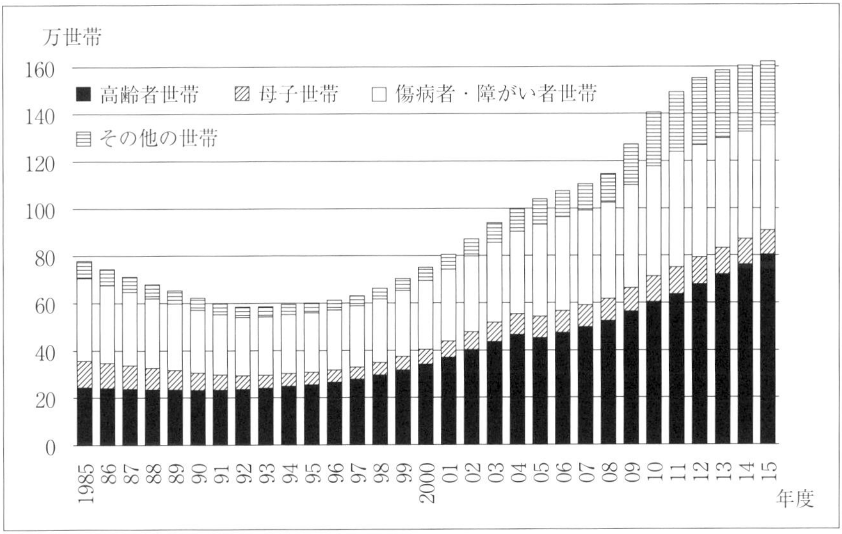

図 2 -12　世帯類型別にみた被保護世帯数の推移

出所：2011 年度までは厚生労働省『社会福祉行政業務報告（福祉行政報告例）』、2012 年度以降は厚生労働省『被保護者調査』より作成。

徐々に払い始めて、最終的には70～80％の人が保険料を納めていたが、現状では40歳未満では55％程度まで上昇している(3)。つまり、約20％の人は年金保険料をまったく納めていないのである。また、40歳未満の納付率と最終的な納付率との差は、負担能力がありながら年金保険料を納めなかった期間のある人と考えられる。

被保護高齢者世帯は、1990年から2015年の間に、約23万世帯から約80万世帯に増加しているが、もし負担能力がありながら未納の世帯がこの増加分に含まれているならば大きな問題である。また、その他の世帯も近年増加し、2015年には約27万世帯に達している。このなかには、長期の失業で生活が困窮している人たちを生活保護化したことによる分が含まれている。こうした政策的増大が加わって、被保護世帯は2015年には162万世帯、被保護人員では216万人となっている。

被保護世帯が増加し続けても、経済が好調に転じれば、高齢者の雇用は増大するであろう。1990年以前に被保護世帯が低位で安定していたのは、高齢者にも多くの雇用機会があったためと考えられる。このような視点から、竹中(2016)は「日本の高齢者の倫理観はもともと高く、職があれば政府の生活保護などに頼らず生計を維持していたというのが実態ではないだろうか。バブル崩壊後、政府が長く経済政策を失敗し続けてきたための弊害が、現状の被保護世帯の推移を引き起こしている」と指摘している。

2-6　揺るぎない制度

日本の社会保障制度は、戦後、憲法25条の精神に則り、着実に整備拡充されてきた。高齢化の進展により、年金制度や医療制度に大きな危機があるといわれているが、一時的な給付の抑制などは行われる可能性はあるものの、制度の根幹は揺るぎないものといえるのではないだろうか。その他の社会保障分野でも、雇用保険や生活保護も長引く景気の停滞により、給付拡大や被保護世帯

(3)　厚生労働省「平成28年度の国民年金の加入・保険料納付状況」を参照した。

の増加が起きているが、政府のマクロ経済政策が的確に行われ、その効果が発揮されれば、給付の抑制、被保護世帯も減少させることができるので、制度自体に基本的な問題はあまり存在しないといえる。

「社会保障給付費」がかなり増大していることは事実であるが、人口構成の高齢化は進むとしても、2060年度には安定的な状況になると予想されていることから、経済が順調に拡大すれば、「社会保障給付費」の対GDP比も、次のステージにふさわしい水準へと落ち着くことになろう。

第3章
年金制度のあり方と経済活動

本章では、年金制度の全体像を把握するため、まず年金制度が果たしている役割と問題点を指摘することにより、現状を評価する。続いて、年金制度改革のなかで注目されている負担と給付について、それぞれの視点から経済との関わりを明らかにする。最後に年金改革の課題について論点を明示する。

3-1　制度の歴史的変遷

公的年金制度は、被保険者等の老齢、傷害、死亡という保険事故について一定の保険給付を行い、被保険者またはその遺族の生活の安定を図ることを目的として設置された。

歴史的には、1961年に国民年金法が施行され、国民皆年金体制が実施された。当初の保険料は月額100円と低く設定され、制度の普及が目指された。共済年金や厚生年金関連法は1954年に改正され、すでに実施されていたので、すべての国民が何らかの年金制度に加入することとなったのである。

当時の社会状況では、子どもが老親を扶養するのは当然でもあったので、年金の給付水準は低いものであった。その後、社会通念の変化も加わり、福祉元年とその後いわれる1973年には1万円年金の実施や、賃金・物価スライド制度の導入が行われた。これにより、給付が飛躍的に増加し、今後の高齢化とも相まって、年金財政問題が浮上した。

しかし、制度改正はなかなか進まず、抜本的改革は1985年まで遅れることになった。この改革では、給付水準の抑制と女性の年金権の確保（基礎年金の創設）という鞭と飴を取り混ぜ、その実現化を図った。これにより、図3－1に示した現行制度の体系ができあがった。

1985年の改革では、厚生年金の給付水準を現役の生涯平均年収の60％という所得代替率に抑制することを目指していた。しかし、賃金・物価スライドを残したままであったので、給付水準の抑制は計画通りには進まなかった。

人口の高齢化と団塊の世代の退職が近づくにつれ、年金改革をこれ以上遅らせることができなくなった2004年、物価スライドを抑制することを目的とした新たなマクロ経済スライド制度を創設し、所得代替率を2023年度までに50.2％程度まで低下させ、これにより年金財政を安定化させることとした。

しかし、物価が１％以上に上がることがないデフレ状況が長く続いたため、

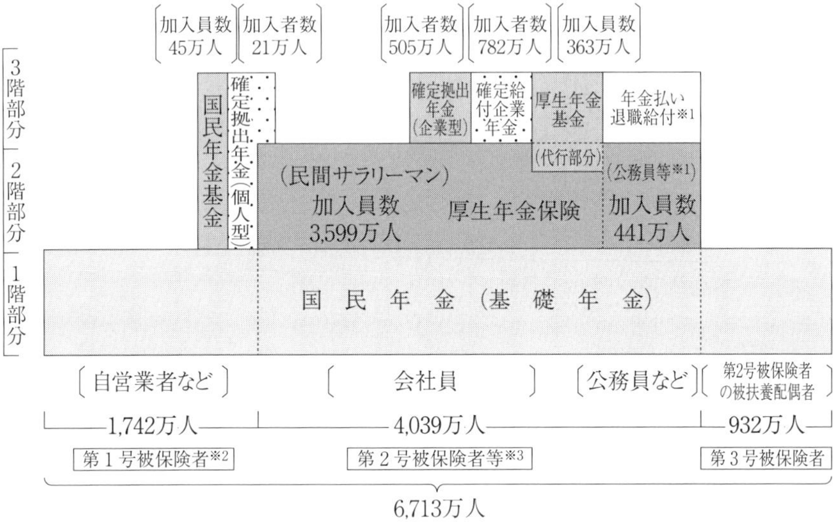

※１　被用者年金制度の一元化に伴い、平成27年10月１日から公務員及び私学教職員も厚生年金に加入。また共済年金の職域加算部分は廃止され、新たに年金払い退職給付が創設。ただし、平成27年９月30日までの共済年金に加入していた期間分については平成27年10月以後においても、加入期間に応じた職域加算部分を支給。

※２　第１号被保険者には、任意加入被保険者を含む。

※３　第２号被保険者等とは、被用者年金被保険者のことをいう（第２号被保険者のほか、65歳以上で老齢、または、退職を支給事由とする年金給付の受給権を有する者を含む）。

図３－１　年金制度の体系図

出所：厚生労働省『平成28年版厚生労働白書』より引用。

マクロ経済スライドがほとんど機能してこなかった。そこで、2016年の通常国会に新たな改正案が提出された。具体的には、マクロ経済スライドの見直しということで、デフレ下で実施できなかった給付水準の引き下げ分は持ち越して、物価や賃金が上がった年にまとめて引き下げる。また、賃金・物価スライドの見直しでは、従来は物価より賃金の方が下がっても、物価分だけしか給付水準を引き下げなかったが、改正案では賃金と同じだけ引き下げるとしている。(図3-2参照)

こうした改革により、長期的に安定した年金制度ができあがると予想されるが、もともと年金制度には次のようなメリット・デメリットがある。

メリットとしては、次の3点を指摘できる。

①市場の失敗（情報の不確実性）等の社会的なリスクをカバーすること。

②高齢者の所得保障を福祉的な「措置」でなく、保険でカバーする。すなわち、公的年金は、老後のための貯蓄を強制している。

③積立金が国民経済にとっての不足財源の補完としての役割を果たしている。

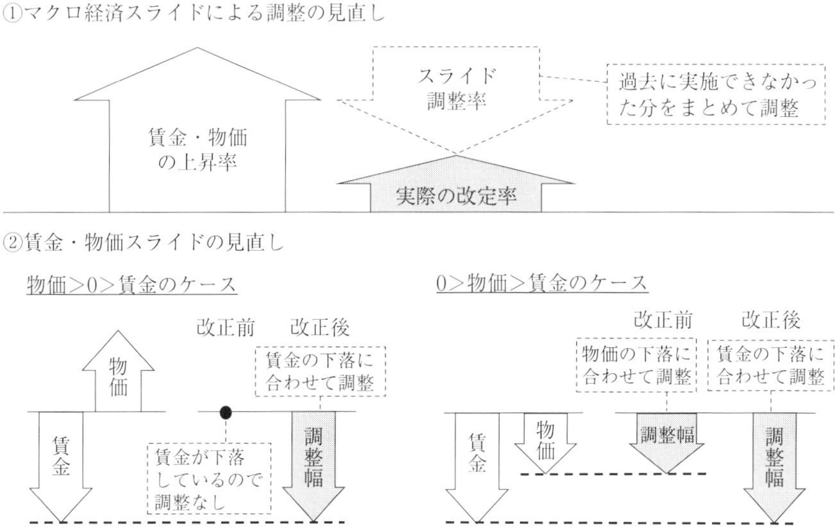

図3-2　年金額の改定ルールの見直し
出所：厚生労働省資料より筆者作成。

デメリットとしては、次の3点を指摘できる。

①少子化などの不確実要因が年金債務を発生させ、世代間の収益率が異なる。

②保険料率、給付、運用方法等に政策的コントロールが及び得るという点で、制度に不透明性が存在する。

③労働、貯蓄などに関する資源配分を歪める恐れがある、である。

3－2　制度の現状

公的年金制度は高齢者の生活に重要な役割を果たしており、老後の所得保障として生活の基本部分を支えることを目的としている。ここでは公的年金制度の現状について検討する。

（1）公的年金の役割の大きさ

公的年金制度は確実に定着しており、高齢者の生活にとって欠かせないものとなっている。高齢者世帯の平均所得金額に占める公的年金（恩給を含む）の割合は非常に高い。特に、比較的所得の低い世帯にとって公的年金の役割は非常に高く、老後の所得保障として生活の基本部分を支えているといえる。

2014年の高齢者世帯の1世帯当たりの平均所得金額は297.3万円となっているが、図3－3に示したように、その67.5％に相当する200.6万円が公的年金で占められている。また図3－4に示したように、2014年の公的年金を受けている高齢者世帯のなかで、総所得のすべてが公的年金で占められている世帯は全体の55.0％に達している。高齢者世帯を含む全世帯のなかで公的年金を受けている世帯は31.6％となる。

所得五分位階級にわけると、総所得のすべてが公的年金で占められている世帯は、第Ⅰ階級で67.2％、第Ⅱ階級で47.3％と高い割合を示すが、第Ⅲ階級で17.7％、第Ⅳ階級で2.5％、第Ⅴ階級ではほぼ0％となる。つまり、比較的所得の低い世帯にとって公的年金の役割は非常に大きいといえる。

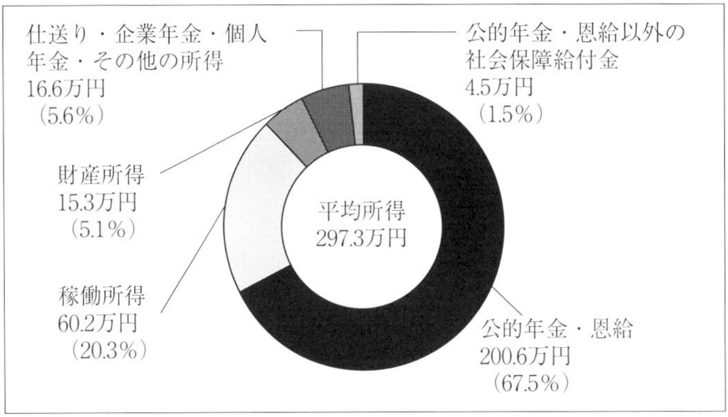

図３－３　高齢者世帯の所得の種類別構成割合
出所：厚生労働省『平成 27 年国民生活基礎調査』より作成。

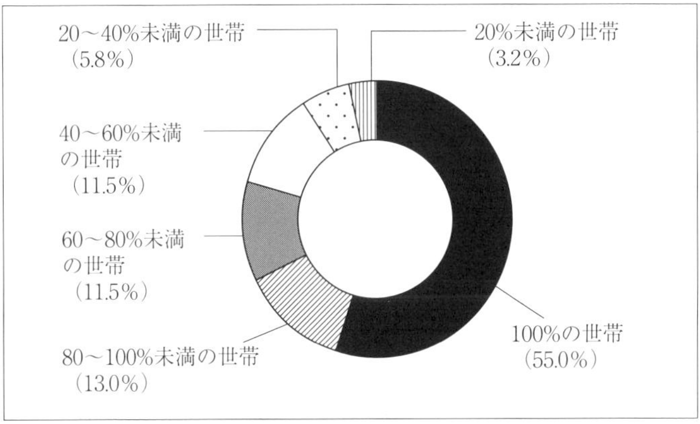

図３－４　高齢者世帯における公的年金・恩給の総所得に占める割合
出所：図３－３と同じ。

（2）制度を支えてきた仕組み

被保険者からの保険料収入の他に、収支差の集積である積立金の運用収入と国庫負担が、その時の公的年金給付の資金に充てられる。長期的に給付と負担の均衡を維持し、公的年金制度の運営を安定させるためには、スライド制度と人口構成から予想される給付に必要な費用（負担）を計画的に調達する必要がある。

制度を支えてきた仕組みとしては、スライド制度と修正積立方式、さらに国庫負担という税金の投入が挙げられる。これらのメリットとしては、次の３点が指摘できる。

① 1973 年以降、物価の上昇に対応して実質購買力を確保する物価スライドと、国民全体の賃金や生活水準の向上に対応する賃金スライドがあったが、2004 年からは人口の高齢化を加味するマクロ経済スライドが導入され、給付の抑制を目指したものの、十分な成果が得られなかったので、新たな改正が2016 年に国会に上程され、根本的な財政の安定化を目指すことになった。

②修正積立方式により、ピラミッド型人口構造の時には低い保険料負担で賄える。

③保険料負担を軽減しながら、結果的に実質的な積立金を維持するために、国庫負担制度を利用している、ということである。

デメリットとしては、次の２点を挙げることができる。

①物価スライドおよび賃金スライドはともに対前年伸び率から導出するため、給付水準そのものに関する適正水準の検討がなく、年金給付額を増大させた。そこで、それに代わるマクロ経済スライドが導入されたが、不十分であったので、新たなルールの変更が提案され、2043 年頃に所得代替率をおよそ 50%程度に引き下げるとしている。

②修正積立方式の結果、人口の高齢化が進むと年金支給額が増加する。したがって、保険料収入と国庫負担割合の双方、あるいはどちらかを増やす必要がある点である。

図３－５に示したように、給付が増加するとともに、保険料収入も増加し、国庫負担も増加している。これは、基本的に現役世代の負担増が着実に起こっ

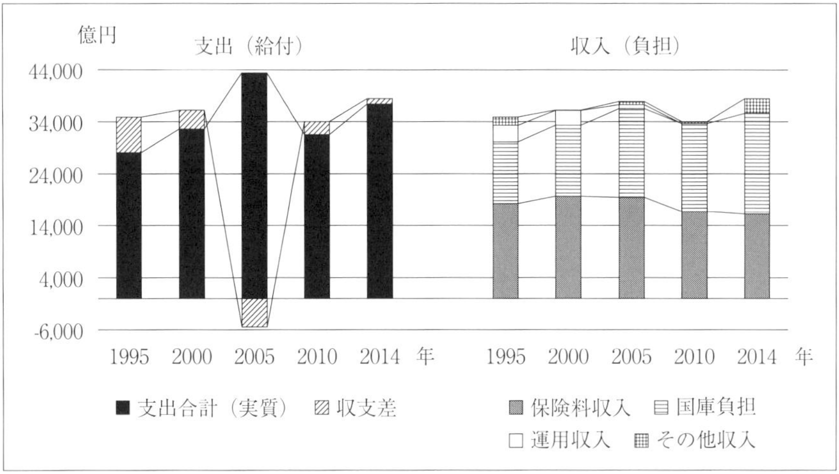

図３－５　国民年金収支状況の推移（国民年金勘定）
出所：国立社会保障・人口問題研究所『社会保障統計年報』、厚生労働省『厚生年金保険・国民年金事業年報』より作成。

ていることを表しているといえる。

（３）年金水準の問題

①給付水準の推移（国民年金基礎年金、厚生年金）

老後に最低限必要な額を支給する年金が基礎年金である。また、厚生年金等の各被用者年金には、基礎年金部分に加えて報酬比例部分の給付がある。とくに厚生年金の給付水準については、基礎年金を合算した給付額と現役の生涯平均年収との比率（所得代替率）で議論されてきた。従来は、60％を目標としてきたが、2004年以降は、その引き下げを目指したものの、効果が出現してこなかった。

図３－６に示したように、国民年金でも厚生年金でも、これまでは１人当たり国民所得および現役の賃金の伸び率以上の給付が実現されてきた。受給者にとっては、これは大きなメリットといえよう。

しかし、現役世代の賃金の増加は、年金の給付水準を引き上げる。その結果、

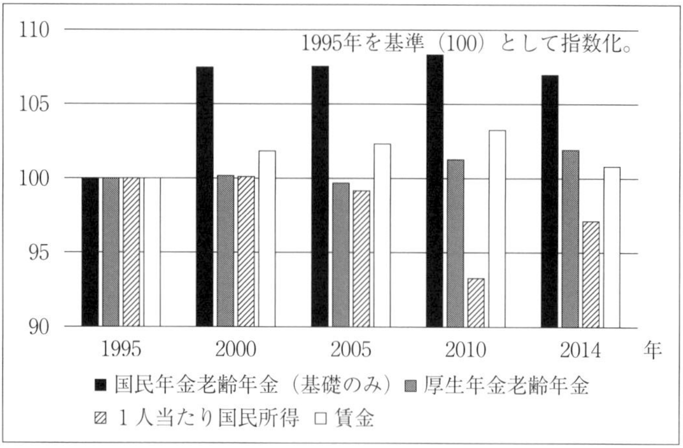

図3-6　給付水準の推移

出所：図3-5と同じ。

現役世代の保険料負担が引き上げられる仕組みとなっているため、最終的には、現役世代の可処分所得の増加が抑制されるというデメリットもある。

給付水準の引き下げを目指した2004年の改正がうまく機能しなかったので、新たに作成された2016年の改正による給付水準の引き下げがどこまで実現できるかは、これからの年金財政にとっては大きな問題である。

②基礎年金と生活保護の関係

老後の生活保障には、年金制度の他に社会福祉制度がある。生活保護は、年金のように家計が強制的に費用を負担することなく、社会福祉の一環として行われる。2016年の基礎年金が夫婦2人に満額支給される場合の金額は130,016円（＝65,008円×2人）である。それに対し、表3-1に示したように、高齢者夫婦世帯の生活扶助はどの地域においても基礎年金の満額を下回っているが、高齢者単身世帯ではすべての地域においてそれを上回っている。高齢者単身世帯の1級地-1における生活扶助と基礎年金の満額水準との差は15,862円にも及ぶ。さらに、生活保護には、生活扶助に加えて住宅扶助も支給される。また、すべての国民年金受給者が基礎年金の満額を受給しているわけではない。このように、年金と生活保護の水準にはいまだ格差が生じている。

表3－1　最低生活保護水準（月額）の具体的事例（2014年度）

高齢者夫婦世帯【68歳、65歳】　　（単位：円／月）

	1級地－1	1級地－2	2級地－1	2級地－2	3級地－1	3級地－2
世帯当たり最低生活費	133,730	128,620	122,250	119,770	110,090	105,860
生活扶助	120,730	115,620	109,250	106,770	102,090	97,860
住宅扶助	13,000	13,000	13,000	13,000	8,000	8,000

高齢者単身世帯【68歳】　　（単位：円／月）

	1級地－1	1級地－2	2級地－1	2級地－2	3級地－1	3級地－2
世帯当たり最低生活費	93,870	90,450	86,190	84,530	76,390	73,560
生活扶助	80,870	77,450	73,190	71,530	68,390	65,560
住宅扶助	13,000	13,000	13,000	13,000	8,000	8,000

注：住宅扶助は、住宅費が上記の額を超える場合、地域別に定められた上限額の範囲内でその実費が支給される。
例：1級地－1（東京都区部　53,700円）、1級地－2（岸和田市　39,700円）、
2級地－1（熊谷市　43,700円）、2級地－2（荒尾市　35,000円）、
3級地－1（柳川市　32,000円）、3級地－2（さぬき市　32,000円）
出所：生活保護研究会『平成28年度版生活保護の手引き』より作成。

「健康で文化的な最低限度の生活水準」の最低生活費設定と、基礎年金の給付水準の決定をどのように理解するかについては、今後も検討していかなければならない課題である。

（4）積立金の問題

厚生年金および国民年金の収入は主に年金の給付等に充てられるが、収支差は2006年以降、年金積立金管理運用独立行政法人（GPIF）に積立金として積み立てられている。保険料収入が万一不足した場合などに備えて財源を確保し、安定的に公的年金制度を運用していくためである。これは、医療保険など短期保険と異なる点であり、制度としての大きなメリットである。図3－7に示したように、積立金は2014年では約116兆円の規模であり、今後も2080年位までは増加すると予想されている。

国民経済的には、この原資で政府の発行する国債が2015年度末時点で全体の約39％（約52.8兆円）購入されているので、政府財政を通じて、国民の厚

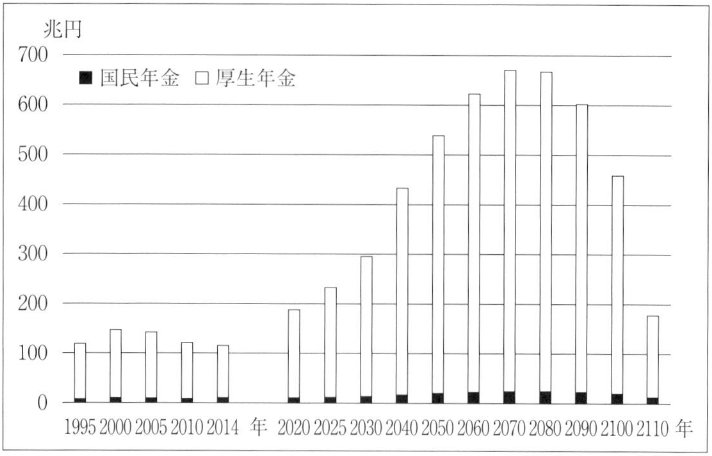

図3－7　年金積立金の推移

注：実績値と平成26年財政検証結果：人口（出生中位、死亡中位）、経済：ケースE
（経済成長率0.4％、改革実施）

出所：図3－5と同じ。

生水準を高めているというメリットも指摘できる。また、国内株式にも23％（約30.6兆円）程投資され、国内民間経済の資金需要にも貢献している。

しかし、積立金不足が深刻になっているという問題も、デメリットとして、指摘しておく必要がある。つまり、年金債務（将来期間の給付のうち、実際に積み立てられている積立金では足りず、将来の保険料により賄うことになる部分）が発生しているということである。高橋洋一（2004）によると、厚生年金だけでみても、積立不足額は529兆円と試算されている。

3－3　年金と経済活動

公的年金制度の収支を長期的に均衡していくためには将来予測が必要となる。長期的に保険料率を調整し、年金財政を安定させるためである。

（1）家計と負担

給付と負担の長期均衡を図ることに加え、少なくとも短期的に年金財政が破

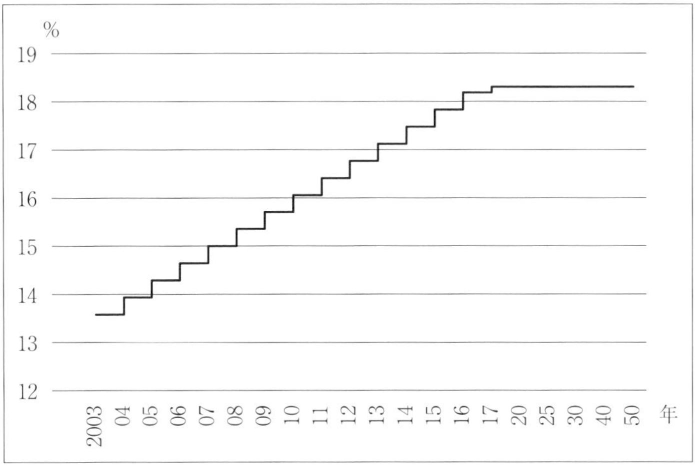

図3－8　厚生年金保険料率の推移
出所：厚生労働省『平成28年版厚生労働白書』より作成。

たんしないような保険料収入の確保が必要である。2004年の年金改正では、2023年に50.2%の所得代替率を維持するための最高保険料として、2017年に厚生年金の保険料率を18.3%、国民年金の保険料（月額）を16,900円に引き上げていくことが決定された。

こうした改革により、将来の年金保険料が確定することで、長期的な将来設計（貯蓄など）を立てることができるという点が大きなメリットとなった。しかし、将来は確定するとはいえ、負担は増加することになるので、家計の可処分所得は減少する。そうなると、消費と貯蓄の双方、あるいはどちらか一方の減少が起こる点がデメリットといえる。また、人口推計に信頼感がないため、年金を将来の生活を計画する確実な収入と認識できなくなる点もデメリットといえる。

（2）企業と負担

保険料の企業負担分は制度上強制的になっており、企業の裁量の範囲も限られている。この点で税と何ら変わらない。ここでは、企業の税と社会保険料の負担率がどの程度になるかを試算し、どのようなことが起こりうるかを検討す

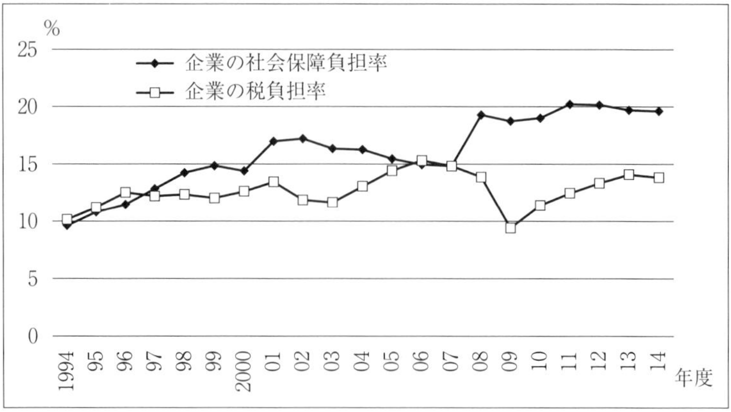

図3-9　企業の税負担率および社会保障負担率（事業主負担率）の推移

出所：内閣府『2014 年度国民経済計算』より作成。

る[(1)]。

メリットとしては、厚生年金という福利厚生を与えることで、労働力を確保できる。また、費用として計上可能であり、企業の成長局面ではコスト意識を強く感じさせないといった点も指摘できる。これに対して、デメリットとしては、高齢化に伴う年金受給者数の増加に対して負担者数が少なくなるので、1人当たりの負担額を増加せざるを得ない。年金保険料の増大は労働費用を上昇させることになり、企業収益の低下要因となる。その結果として、企業の投資行動などに抑制的に働き、最終的には企業の国際競争力を低下させるおそれがある。

（1） 具体的には次式により試算した。企業の社会保障負担率＝社会保障負担額／収入額×100。企業の租税負担率＝租税負担額／収入額×100。社会保障負担額には、『2014年度国民経済計算年報』（93SNA）の「付表10 社会保障負担の明細表（社会保障関係）」に掲載されている「雇主の現実社会負担」を用いた。なお、「4．共済組合」「8．基金」は除外した。租税負担額については、「2．制度部門別所得支出勘定」のなかの「（2）所得の第2次分配勘定」に掲載されている「所得・富等に課される経常税」を用いた。収入額には、「2．制度部門別所得支出勘定」のなかの「（1）第1次所得の配分勘定」に掲載されている「受取」を用いた。なお、ここでは民間企業を対象としているので、「金融機関」と「非金融機関」を合計した。

（３）国庫負担

国庫負担は労使による保険料収入に次いで、公的年金の収入を支える大きな項目である。ここでは、この負担について検討する。

メリットとしては、次の３点を指摘できる。

①一般財源から補助を出すことで、年金保険料の抑制を図ることができる。

②財源が特定化されないので、国民全体で負担する体制という発想を持つ。

③一定の積立金を確保することができ、年金財政の安定を図ることができる。デメリットとしては、現状のままでは国および地方の財政状況を逼迫させるおそれがあり、財源措置の検討が必要な状態になっている点が挙げられる。

現在の検討されている厚生労働省の改正案を実施する際、新たな財源がどの程度必要かをみていこう。図３-10によると、国庫負担の規模は、2015年で12兆円、2050年で21.9兆円、2100年で40.6兆円となると予想される。2050年には今より約10兆円の追加的な財源が必要であり、これをどのように賄っていくかが問題となる。

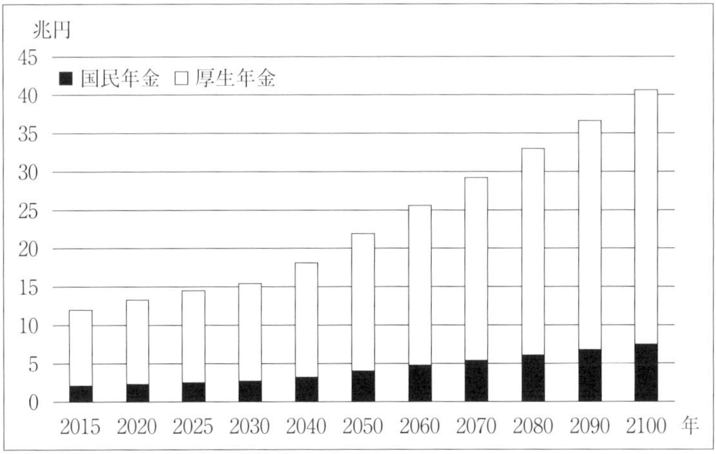

図３-10　国庫負担の推移

注：平成26年財政検証結果：人口（出生中位、死亡中位）、経済：ケースE（経済成長率0.4%、改革実施）

出所：厚生労働省「国民年金及び厚生年金に係る財政の現況及び見通し―平成26年財政検証結果―」より作成。

（4）高齢者の経済活動

①高齢者の消費と貯蓄の実態

高齢者夫婦世帯の収入、消費、貯蓄と負債の状況を表3－2でみると、2014年の月間平均収入は、有業人員の有無で相当の差が生じている(2)。収入額は厚生年金の老齢給付を受けている世帯の標準的な年金額21.8万円よりもかなり高い。年間の収入額の分布を図3－11でみると、有業者あり世帯、有業者なし世帯ともに300～400万円未満が最も多いが、有業者あり世帯では、収入金額に大きな幅が生じている。他方、有業なし世帯では、300～400万円を中心としながら、その前後に集中する状況となっている。

次に、高齢者夫婦世帯の貯蓄金残高については、有業人員あり世帯と有業人員なし世帯の両者に大きな差はみられない。一方、負債残高をみると、有業人員あり世帯では約227万円、有業人員なし世帯では約40万円となっており、負債残高は有業人員あり世帯のほうが多いことが分かる。

表3－2　高齢者夫婦世帯の消費と貯蓄の状況

（単位：万円）

		月間収入	消費支出	貯蓄金残高	負債残高
1999年	有業人員あり世帯	54.1	27.3	2,413.6	308.1
	有業人員なし世帯	32.8	24.6	2,172.4	34.5
2004年	有業人員あり世帯	55.9	28.8	2,461.3	377.1
	有業人員なし世帯	32.4	24.9	2,221.2	47.8
2009年	有業人員あり世帯	50.6	27.5	2,180.8	249.1
	有業人員なし世帯	32.0	24.5	2,138.7	40.7
2014年	有業人員あり世帯	51.4	27.4	2,261.7	226.8
	有業人員なし世帯	30.4	24.0	2,106.5	39.6

出所：総務省『平成26年全国消費実態調査』特定世帯編より作成。

（2）　高齢者夫婦世帯とは、夫65歳以上、妻60歳以上の夫婦のみの世帯をいう。

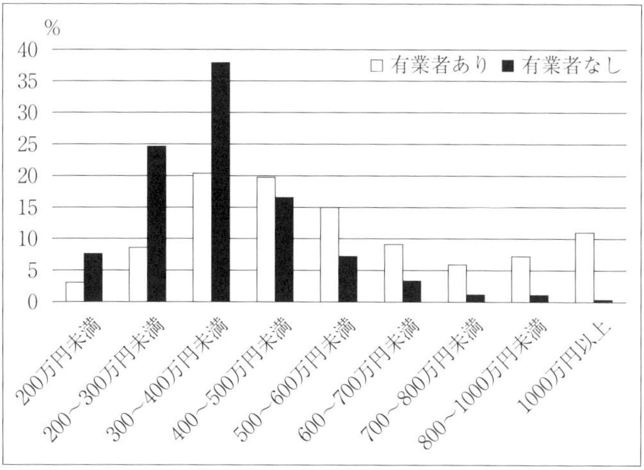

図３-11　高齢者世帯の収入状況
出所：表３-２と同じ。

②高齢者の消費支出の特徴

表３-２をみると、2014年の高齢者夫婦世帯の消費支出額は、有業人員あり世帯では27.4万円、有業人員なし世帯では24万円であった。有業人員の有無による消費支出の差は、収入の差よりもかなり小さいことが分かる。

高齢者世帯の消費状況を現役勤労世帯の標準世帯と表３-３で比較してみると、消費額自体は標準世帯のほうが高いが、世帯１人当たりの消費額は逆に高齢者世帯のほうが高くなっている(3)。消費構成の違いが大きい部分としては、まず保健医療の構成比がある。高齢者世帯は消費支出の6.2%を保健医療に費やしており、標準世帯の3.3%に比して約1.9倍の高さである。逆に教育費に関しては高齢者世帯ではほとんど消費されておらず、標準世帯と大きく異なっている。その他、交際費の構成比が高齢者世帯では9.7%と、標準世帯の3.9%に比して非常に高いことも特徴といえる。

（３）　標準世帯とは、夫婦と子供２人の４人で構成される世帯のうち、勤労者世帯をいう。

表３－３　高齢者夫婦世帯の消費状況

（単位：円、％）

	高齢者世帯		標準世帯	
	金額	構成比	金額	構成比
消費支出	251,076	100.0	320,797	100.0
食料	66,136	26.3	77,285	24.1
住居	15,929	6.3	15,993	5.0
光熱・水道	19,087	7.6	21,070	6.6
家具・家事用品	9,802	3.9	9,673	3.0
被服及び履物	8,442	3.4	14,693	4.6
保健医療	15,591	6.2	10,606	3.3
交通・通信	31,921	12.7	50,622	15.8
教育	22	0.0	36,593	11.4
教養娯楽	29,407	11.7	31,277	9.7
その他の消費支出	54,738	21.8	52,984	16.5
うち交際費	24,359	9.7	12,369	3.9

出所：表３－２と同じ。

３－４　今後の課題

（１）収入面

収入面における今後の課題としては、次の４点を指摘することができる。一つ目は、最高保険料率の水準の問題である。最終保険料引き上げ水準で財政が真に安定できるかという議論が必要である。現役の所得水準に依存した保険料徴収なので、保険料率があまりに高くなると、回避行動を強める可能性が高まり、労働インセンティブにも影響を与える。

二つ目は、国民皆保険体制の実現にむけた未加入・未納の解消である。保険料の徴収コストを適正化する必要がある。さらに、保険料免除制度の運用の適正化あるいはそのあり方の再検討も必要であろう。

三つ目は、年金積立金の運用と利子収入の問題である。積立金運用に関する透明性の確保のために、より一層の情報公開が必要である。また、リスク管理システムの確立も必要である。例えば、長期的な観点で最低でも国債金利水準となるような運用利回りの検討などがある。

表３－４　社会保険方式と税方式の比較（主に基礎年金についての議論）

	社会保険方式	税方式
仕組	一定期間にわたり保険料を拠出し、これに応じて年金を給付	個々人の拠出を必要とせず、要件の該当をもって年金を給付
特徴	拠出と給付の関係が明確 無年金や低年金の可能性 低所得者の負担が困難 長期的収支計算にもとづく財政運営	拠出に関わらず一律な給付 低所得者にも必要な給付が可能 巨額の税財源が必要 長期的な財源として安定性が低い

出所：筆者作成。

最後に、国庫負担割合の問題である。国庫負担割合の引き上げには財源が必要と考えるべきである。年金保険料が税に変わることになり、負担という点では同じだが、国民の受ける影響は必ずしも同じではない。すでに国庫負担は２分の１に引き上げられているが、今後の経済状況等の変化によってはさらなる引き上げも考えることが必要となるかもしれない。この点では税方式による財源調達論議も検討課題といえる。

（２）給付面

給付面で、まず基礎年金の給付水準の問題としては、①社会保障全体のなかで医療・介護・福祉などと調整を図りその位置付けを明確にすること、②財源との対応関係を明確にすること、が必要である。

報酬比例部分の給付水準の問題としては、現在検討されている新たな改正案により、給付水準がどの程度まで削減できるかを検討する必要がある。また、完全積立方式への移行を想定した民営化についても議論を深めることが必要である。

公的年金の給付水準引き下げに対応する私的年金の拡充としては、個人年金の一層の制度整備および確定拠出型企業年金の制度整備が必要である。個人年金は、上乗せ給付を可能とする点で大きなメリットがあるが、年金受給者間での所得格差を拡大させるというデメリットもある。ただし、多少のデメリットもあるが、公的年金の給付水準低下に対する補完として自助努力を重視し、税制面での一層の優遇も検討課題といえよう。

また、確定拠出型企業年金には次の４つのメリットがある。①母体企業にとって将来の掛け金負担の予測が容易である、②各加入員が拠出額の運用残高を把握できる、③短期間で受給権が付与でき、転職の際のポータビリティーが高い、④一定の範囲内で運用方法を選択できる、である。

デメリットとしては次の３点を指摘できる。①投資リスクを加入員が負うこととなる、②給付額が事前に確定しないため老後の生活設計が不安定になる、③投資対象が低リスク・低リターンになりがちで将来の運用収益が低くなる可能性がある、である。

運用益などのリスクを伴うことは避けられないが、公的年金の補完を個人と企業とで共同して行い、制度を拡充していくことも今後の課題といえよう。

第4章
医療制度のあり方と経済活動

本章では、医療制度の全体像を把握するため、まず医療という財・サービスの特性に着目しつつ、保険制度が果たす役割と問題点を指摘することにより、制度の現状を評価する。続いて、その背後にある経済との関わりを明らかにし、医療保険を考える際に重要な価格に重点をおいた分析を行う。最後に、ナショナル・ミニマム論から医療保険制度について考察を加える。

4－1　制度の歴史的変遷

ここでは、まず医療財の特性を整理し、その後、日本の医療保険制度の変遷を考察する。

(1) 医療財の特性

疾病はいつ発生するか分からない。医療需要の発生には不確実性（uncertainty）がある。悪性の疾病であれば、医療費は巨額になるかもしれない。支出面にも不確実性がある。さらに、疾病の治癒に長期間を要することになれば、所得を失う期間も長期化し、規模も大きくなる。こうした非常に大きなリスクを伴うという特徴を有する財・サービスに対しては、リスク回避（risk aversion）的な個人であれば、「保険」というサービスを需要することになる。ここに、「保険」の供給の必要性が発生するのである。

経済学で一般的に想定するリスク回避型個人では、所得の増加に応じて限界効用（marginal utility）が逓減することになるので、効用関数は図４－１に示したような上に凸の形状となる。このとき、病気時（30％の発生確率）の所得が10、健康時（70％の発生確率）の所得が30とする。保険に未加入の場合には、U(10)とU(30)の間の期待効用 $\overline{U}$＝0.7×U(30)＋0.3×U(10)が得られる。一方、保険に加入していれば、30の所得は得られなくても、常に24(＝0.7×30＋0.3×10）の所得が保障されるので、期待所得の効用水準はU(24)となる。図4－1から明らかなように、U(24)は $\overline{U}$ よりも必ず大きくなる。ゆえに、リスク回避型個人を想定した場合、保険に加入する方が得ということになる。

このような個人が一般的に需要する保険は、民間の医療保険サービスである。先進諸国のなかでアメリカだけはこの論理に従い、民間保険を中心とした医療市場を作り上げてきた。オバマケアはこの偏りを是正するため、公的保険を手厚くしようとしてきたが、トランプ政権がどこまで引き継ぐかは不明である。これに対して、ほとんどの先進諸国では、民間保険だけでは病気がちの人が加入できない可能性などの逆選択（adverse selection）の発生、および医療供給側と需要側との間の情報の非対称性（information asymmetry）を考慮して、公的保険を政府が提供している。

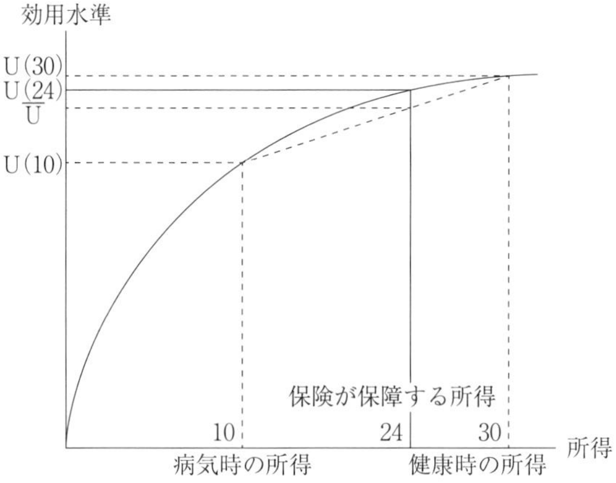

図4－1　保険による期待効用の違い
（リスク回避型個人のケース）

出所：筆者作成。

不確実性、逆選択、情報の非対称性により、市場の失敗（market failure）を発生させるという特性ゆえに、医療サービス市場には公的保険は不可欠なものといえる。こうした公的保険による介入だけでなく、低所得層や高齢者層への再分配的な社会保障という側面でも、政府による市場の介入は正当化される。

（２）歴史的変遷

政府による市場介入の正当化の理論にもとづき、日本でも医療保険制度が整備されてきた。歴史的には、その始まりは江戸期の頼母子講などにも求められるが、近代的な意味での社会保険は1922年の健康保険法や1938年の国民健康保険法により始まったといえる。そして、現在の制度の原型は1939年に始まった船員保険に求められる。当初は労働組合対策的傾向もあったが、当時のドイツで始まったモデルとして設立された。

しかし、第二次大戦により制度は行き詰まり、戦後の復興とともに医療保険制度の再建が進められた。公務員や教職員を対象とした各種共済保険（1948年国家公務員共済組合法、1953年私立学校教職員共済組合法[(1)]）が制定され、それに遅れて1958年には国民健康保険法が全面改正され、1961年の国民皆保険体制の確立によって現在の医療保険制度の基本形が整えられた。

このようにして出来上がった医療保険制度は、「疾病、負傷、死亡または分娩などの短期的な経済的損失を保険事故として、医療を現物給付する制度」とされた。基本的枠組みは、図４－２に示したように、被保険者は一部負担金の支払いだけで医療機関から診療サービスを受けられ、残りの支払いは保険料を受け取った保険者が社会保険診療報酬支払基金を通じて医療機関に支払うことになっている。

この制度の最大のメリットは、医療サービスを「誰でも、どこでも、いつでも」平等に受ける権利を保障されていることである。また、負担面でも再分配が、保険料の応能負担により達成されている点もメリットである。しかし、保険対象外の医療サービスの供給を制約するというデメリットも指摘できる。

（１）　地方公務員等共済組合法の制定は1962年まで遅れた。

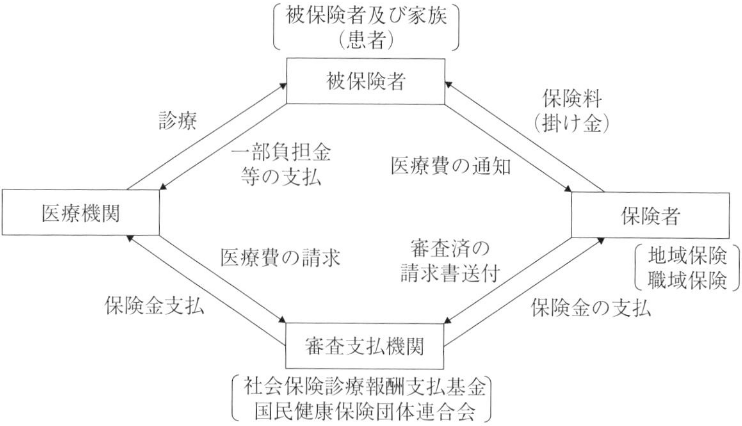

図 4－2　医療保険制度の仕組み
出所：厚生労働省資料を一部改正して作成。

保険適用範囲、診療報酬や薬価基準といった価格、さらに保険料まですべてを政府が決定しているので、制度への信頼性は高いが、政府の失敗という問題は常に付きまとい、現在に至るまで多くの改革・改正が行われてきた。

医療保険制度にかかわる大きな改革としては、福祉元年といわれる 1973 年に、老人医療費の無料化（老人医療費支給制度）が決定された(2)。高齢者層への再分配的な医療保障としては評価すべき改革であったが、自己負担の無料化により、病院のサロン化などの極端な現象が生じ、医療費の高騰という問題を表面化させた。

そこで自己負担の有料化を進めるために、徐々に自己負担率を引き上げてきた。表 4－1 に示したように、70 歳以上については、1982 年に老人保健法が制定されたことを受け、1983 年にようやく患者一部負担金（入院 300 円／日、外来 400 円／月）が復活したが、その水準は低いばかりか、老人医療費が無料化されてから 10 年後ということであった。その後、2001 年には定率 1 割負担となっている。一方、70 歳未満については、制度間で大きな格差があったが、2003 年からは 3 割に統一されている。

（2）　同年には、70 歳未満の被用者家族の自己負担率が 5 割から 3 割に引き下げられた。

表４－１　医療保険の自己負担の推移

① 70 歳以上

<table>
<tr><td colspan="2">～1972 年 12 月</td><td>1973 年1月～</td><td>1983 年2月～</td><td>2001 年1月～</td><td colspan="2">2008 年4月～</td></tr>
<tr><td colspan="2">老人医療費
支給制度前</td><td>老人医療費
支給制度</td><td colspan="2">老人保健制度</td><td colspan="2">後期高齢者
医療制度</td></tr>
<tr><td>国保</td><td>３割</td><td rowspan="3">なし</td><td rowspan="3">入院 300 円／日
外来 400 円／月</td><td rowspan="3">定率１割
（月額上限付き）</td><td>75 歳以上</td><td>１割</td></tr>
<tr><td>被用者本人</td><td>定額負担</td><td rowspan="2">70～74 歳</td><td rowspan="2">２割</td></tr>
<tr><td>被用者家族</td><td>５割</td></tr>
</table>

② 70 歳未満

<table>
<tr><td></td><td>～1972 年12月</td><td>1973 年1月～</td><td>1984 年～</td><td>1997 年9月～</td><td>2003 年4月～</td></tr>
<tr><td>国保</td><td colspan="4">３割</td><td rowspan="3">３割</td></tr>
<tr><td>被用者本人</td><td colspan="2">定額負担</td><td>１割</td><td>２割</td></tr>
<tr><td>被用者家族</td><td>５割</td><td colspan="3">３割→　入院２割（1981 年～）
外来３割（1973 年～）</td></tr>
</table>

出所：厚生労働省資料をもとに筆者作成。

しかしながら、こうした自己負担の引き上げも、医療費抑制にはあまり効果を発揮してこなかった。またバブル崩壊後の長期不況のなかで、健康保険財政が悪化し、保険制度の抜本的見直しが必要とされた。そこで、2006 年に後期高齢者医療制度の設立を決め、2007 年から導入しようとしたが、保険料徴収に伴う実務上の混乱から一旦制度の実施を延期した。その後、自己負担の抑制や保険料の軽減措置などを実施することにして、2008 年度から本格的に制度の運用が始まった。

こうした改正により、2000 年代に入り、高齢者医療の抑制はある程度は成功してきたが、医療費自体は医療の高度化等によって、現在も増加し続けている。また近年では、抗がん剤オプジーボ、高脂血症薬レパーサ、Ｃ型肝炎治療薬ハーボニーのように高い有効性を伴う高額な新薬が登場しているものの、高額療養費制度によって自己負担は大きく軽減され、その結果政府の財政負担の増加という問題を引き起こしている。

4－2　制度の現状

医療保険制度は、医療の量と質の確保を図ってきた。ここでは、その現状をみるとともに、医療費の高騰と財政構造の不安定性について検討する。

(1) 量の確保

保険制度により、国民に標準的な医療を受ける機会を保障するため、医療機関数や病床数が確保されてきた。また、保険機能が十分に発揮され、病気にかかった場合でも、一部負担をするだけで、診療を受けることができる体制が確立されている。

しかし、需要者にとって相対的な医療費の安さが、需要増を招いているという問題もある。いわゆる医療費に関する長瀬効果という問題である。具体的には、患者負担が増加すると、受診行動が変化し、受診率が低下したり、1日当たり日数が減少する、という効果である。

厚生労働省の推計結果によると、患者数の伸び率は、患者負担を増加させる制度改革後1年間は低くなる。しかし、1年を過ぎると、その効果は消失する。ただし、戻るのは伸び率であり、減少した延べ患者数や医療費は、元の水準に戻るわけではないとなっている。しかし、患者負担を引き上げることは、医療需要の抑制にある程度の効果を持つと考えられる(3)。

また、需要の増大に供給が対応しきれず、長い待ち時間と短い診療時間といった問題も発生していた。これに対しては、1992年の医療法改正により、病院のなかでも最先端の高度医療を担う特定機能病院と、長期の療養を中心に提供する療養型病床群が制度化され、医療機関の機能分化が進んでいる。また、2006年には診療報酬における紹介状システムも導入された(4)。さらに近年では、地域医療構想の策定に向けた作業が始まっており、長期的視点に立った医

---

(3)　詳細については、厚生労働省保健局第2回医療費の将来見通しに関する検討会(2007年12月6日)配布資料「医療費の要素分解」を参照のこと。

療計画の作成により、一層の機能分化と病院経営の安定化を図ろうとしている。

これに対して、現行の診療報酬制度では一部に、包括払い方式（Diagnosis Procedure Combination）が導入されているが、技術料・建物や敷地などの維持管理料が十分に配慮されていないなどの問題が残り、現行の点数制度の偏りにより、薬剤や検査漬けの問題も、なお続いている。

（2）質の確保

高度医療へのミニマムアクセスが確保されているので、保険医療機関であれば一定の医療水準が保障され、また病院の機能分化も進められ、平均寿命の著しい伸長や、図4－3に示した乳児死亡率・周産期死亡率の低下がもたらされている。さらに、高額医療の自己負担の軽減制度（高額療養費制度）も整備され、最新技術にもとづいた治療を受けることができる。

一方、慢性疾患や成人病などの長期療養への視点が部分的に欠如し、QOL（Quality of Life）を重視した医療への転換が遅れている[5]。また、賃金体系における看護・介護等への評価の低さも、その原因となっている。

（3）医療費の高騰

図4－4に示す通り、医療費は実質ベースで大きく増加してきている[6]。医療費総額は2000年から2014年までの14年間で28.1兆円から43.7兆円へと15.6兆円増加した。この増加傾向は、65歳未満と65歳以上に医療費を分割してみると、やはり65歳以上の医療費の推移と酷似している。

医療費は需要量（＝供給量）と価格で決定されるが、量と価格はそれぞれさまざまな要因から決定される。これらの要因が複雑に絡み合った結果、医療費

（4）　診療報酬における「初診時特定療養費」のこと。初診は1996年度、再診は2002年度に導入された。2016年度からは、紹介状なしの大病院の初診5,000円、再診2,500円へと引き上げられた。

（5）　QOLとは、物理的な豊かさやサービスの量、個々の身辺自立だけでなく、精神面を含めた生活全体の豊かさと自己実現を含めた概念である。

（6）　2005年度GDPデフレーター（連鎖方式）で実質化した。

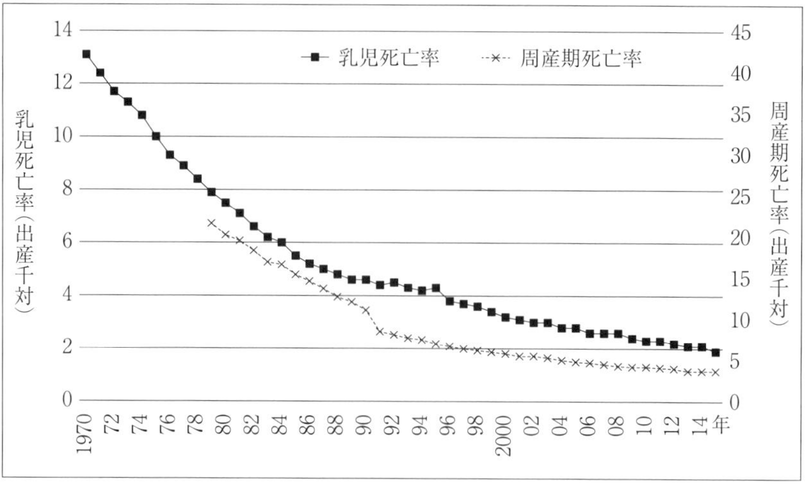

図４－３　乳児死亡率・周産期死亡率の推移

出所：厚生労働省『平成27年人口動態統計』より作成。

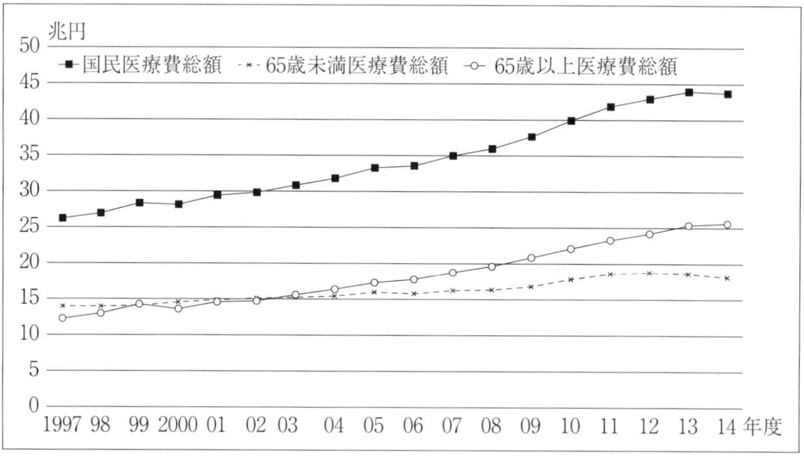

図４－４　国民医療費（実質）の推移

出所：国立社会保障・人口問題研究所『社会保障統計年報』、厚生労働省『国民医療費』より作成。

が高騰していると考えられる。医療費は、一般的には次のような式で表せる。

$$医療費＝人口\times\frac{件数}{人口}\times\frac{日数}{件数}\times\frac{医療費}{日数}$$
$$＝人口\times受診率\times１件当たり日数\times１日当たり医療費$$

このように分解した各要因を65歳未満と65歳以上に分けて、表４－２を用いて検討してみよう。

入院のケースでは、受診率は2008年から2010年にかけては全年齢でわずかに増加しているが、2014年には65歳以上は0.03％ポイント低下している。１

表４－２　加入者数、受診率、１件当たり日数、１日当たり医療費

①入院

	加入者数（万人）			受診率（件／人）		
	2008	2010	2014	2008	2010	2014
65歳未満	8,995	8,713	8,397	0.10	0.11	0.11
65歳以上	2,688	2,813	3,119	0.60	0.61	0.58
	１件当たり日数（日）			１日当たり医療費（千円）		
	2008	2010	2014	2008	2010	2014
65歳未満	13.9	13.4	12.8	28.8	32.5	36.9
65歳以上	17.8	17.5	16.9	26.0	28.4	31.7

注：１日当たり医療費には、食事・生活療養を含む。

②入院外

	加入者数（万人）			受診率（件／人）		
	2008	2010	2014	2008	2010	2014
65歳未満	8,995	8,713	8,397	4.97	5.65	5.69
65歳以上	2,688	2,813	3,119	14.26	14.06	14.14
	１件当たり日数（日）			１日当たり医療費（千円）		
	2008	2010	2014	2008	2010	2014
65歳未満	1.60	1.57	1.49	6.9	7.1	7.6
65歳以上	2.02	1.98	1.81	7.4	7.9	8.8

注：１日当たり医療費には、調剤を含む。
出所：厚生労働省『社会医療診療行為別調査』より作成。

件当たり日数は全年齢、全期間低下している。1日当たり医療費は全年齢で増加しているが、2008年比では65歳未満で1.3倍弱、65歳以上で1.2倍程度の増加にすぎない。医療費総額の増加に最も大きく影響を与えているのは、むしろ65歳以上の加入者数の増加と考えられる。

入院外のケースでは、受診率、1件当たり日数、1日当たり医療費よりも65歳以上の加入者数の増加が、医療費増加の主因と考えられる。つまり、人口の高齢化が医療費の高騰を引き起こしているといえるのである。

先の分析で医療費の高騰に人口要因が大きく影響していることが分かったので、ここでは医療費を次のような式に分解して、価格要因がどの程度の影響を与えてきたかをみていこう。

$$
\begin{aligned}
\text{医療費} &= \text{人口} \times \frac{\text{医療費}}{\text{人口}} \\
&= \text{人口} \times 1\,\text{人当たり医療費}
\end{aligned}
$$

この1人当たり医療費という価格要因が、診療報酬や薬価基準の改定とどの

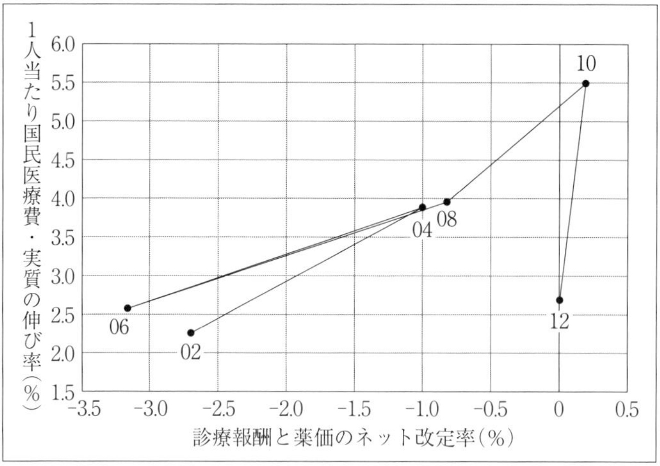

図4－5　1人当たり医療費（実質）の伸び率と診療報酬・薬価ネット改定率の関係

出所：厚生労働省『国民医療費』、内閣府『国民経済計算年報』より作成。

ように関係していたかを図 4 - 5 でみていこう。2002 年から 2012 年の期間でネットの改定率と 1 人当たり医療費の伸び率の関係をみると、相関係数は 0.68 となり、正の関係を有している。つまり、診療報酬および薬価基準の改定が医療費の伸びや抑制に強い影響を与えてきたということである。

(4) 財政構造の不安定性

国民健康保険（市町村）は従来から財政力の脆弱さを指摘されてきた。その要因は、被用者保険に加入していた者が退職後に加入してくるなどの理由により加入者の平均年齢が高く、給付費の水準が高くなることと、無職が 43.9% を占めるなど保険料負担能力が低い世帯が多いためである。そのうえ後期高齢者医療制度への拠出金が加わり、財政を悪化させてきた。単年度収支では、表 4 - 3 に示したように、近年は黒字になっているが、これは赤字補填のための一般会計からの繰入により、黒字になっているにすぎない。つまり実質的には 2014 年で 3,586 億円の赤字となっている。なお国民健康保険の問題は構造的な問題であるため、2015 年に「持続可能な医療保険制度を構築するための国民健康保険法等の一部を改正する法律」が公布された。その主な内容は、毎年約 3,400 億円という財政支援の拡充による財政基盤の強化や、都道府県が財政運営の責任主体となり中心的な役割を担うなどである。これらの施策は 2018 年にかけて段階的に実施される。

また、表 4 - 4 に示したように、長引く不況のなかで、協会けんぽも保険料収入が伸び悩み、たびたび単年度では赤字に陥ってきた。そのうえ後期高齢者制度への拠出金も加わり、保険料率の引き上げを実施せざるを得なくなっている。

表４－３　国民健康保険（市町村）の財政状況

（単位：億円）

	2000	2002	2004	2006	2008	2010	2012	2014
収入	73,426	73,728	78,203	83,074	127,166	131,304	141,576	143,857
支出	71,506	71,631	76,516	81,810	126,451	129,951	138,958	141,467
拠出金	23,292	30,483	25,904	22,571	17,606	14,742	17,464	18,113
うち後期高齢者支援金	－	－	－	－	14,256	14,518	17,442	18,098
前期高齢者支援金	－	－	－	－	19	25	19	14
老人保健拠出金	23,292	30,483	25,904	22,571	3,331	199	3	1
収支	1,920	2,097	1,687	1,264	715	1,353	2,618	2,390
単年度収支	-1,029	-347	10	-64	93	293	574	-210
繰入金を除く精算後単年度収支	-3,284	-2,250	-2,800	-2,736	-2,383	-3,900	-3,053	-3,586

注：「単年度収支」＝「収支」－「基金繰入金」－「繰越金」＋「基金積立金」＋「前年度繰上充用金」
　「繰入金を除く精算後単年度収支」＝「単年度収支」－「一般会計繰入金（赤字補填分）」
出所：厚生労働省『国民健康保険事業年報』より作成。

表４－４　協会けんぽ（旧政府管掌健康保険）の財政状況

（単位：億円）

	2000	2002	2004	2006	2008	2010	2012	2014
収入	67,899	65,909	68,326	69,488	71,357	78,172	85,127	91,035
支出	69,468	72,077	65,921	68,370	73,647	75,632	82,023	87,309
拠出金	25,654	29,827	25,881	26,506	29,007	28,283	32,780	34,854
うち前期高齢者納付金	－	－	－	－	9,449	12,100	13,604	14,342
後期高齢者支援金	－	－	－	－	13,131	14,214	16,021	17,552
老人保健拠出金	20,568	23,288	18,993	17,200	1,960	1	1	1
退職者給付拠出金	5,086	6,539	6,888	9,306	4,467	1,968	3,154	2,959
収支	-1,569	-6,168	2,405	1,118	-2,290	2,540	3,104	3,726
準備金残高	6,701	-649	2,164	4,983	1,539	-638	5,054	10,647

注：介護分を除く
出所：全国健康保険協会『事業年報』より作成。

4－3　医療と経済活動

（1）マクロ的消費行動

ここでは、総務省の『産業連関表』にあらわれる医療品産業と医療産業の姿を表4－5によりみていこう。医薬品産業の国内生産額は2013年で7兆1,057億円であり、1995年の6兆2,883億と比較して、約1.1倍へと増加している。産出構造をみると、医療産業の医薬品購入額の対国内生産額比率（医療への産出比率）が2013年で106.4と圧倒的に高く、その水準も1995年の85.69と比べるとかなり上昇してきていることが分かる。

最終需要部門では、控除項目である輸入が特に2005年以降著しく増加しているのが大きな特徴である。輸入は1995年には4,717億円（対国内生産額比率-7.5%）であったが、2005年には9,526億円（-14.33%）、2011年には1兆8,228億円（-25.07%）、そして2013年には2兆2,400億円（-31.52%）となり、この約20年で実に4.7倍となっている。これは、日本の医薬品製造メーカーがスイスやアイルランド等の法人税率の低い国々で委託生産を始めたことや、日本に製造基盤のないバイオ医薬品の輸入が増えているためである。

一方、2013年の輸出は3,662億円であり、医薬品産業の貿易収支としては輸入超過といえる。この点に対して、日本の医薬品製造メーカーの競争力の低下が問題視されることもあるが、輸出額自体は、1995年の1,352億円と比較すると、2.7倍へと拡大しており、徐々にではあるが医薬品産業の海外市場開拓が伺える。

次に、医療産業についてみていこう。医療を消費するのは原則として医療保険を通じた政府あるいは家計であるため、医療の産出構造は、基本的には最終需要部門で構成されている。内生部門では、医療産業の産出額が1995年の5,548億円（1.86%）から2013年には1兆4,398億円（3.1%）となり、徐々に拡大しつつある(7)。

（7）　内生部門の医療産業には、助産所、訪問看護ステーション（介護を除く）、あんまマッサージ、アイバンク、骨髄バンク、衛生検査所などが含まれる。

表４－５　医薬品産業と医療産業の産出構造

①医薬品産業

	産出額（億円）					対国内生産額比率（%）				
	1995	2000	2005	2011	2013	1995	2000	2005	2011	2013
畜産	109	240	260	335	383	0.17	0.37	0.39	0.46	0.54
農業サービス	261	212	284	308	337	0.42	0.33	0.43	0.42	0.47
医薬品	3,040	2,925	2,879	2,573	2,531	4.83	4.52	4.33	3.54	3.56
廃棄物処理	256	246	276	228	216	0.41	0.38	0.41	0.31	0.30
医療	53,883	54,370	61,244	74,428	75,604	85.69	83.98	92.14	102.36	106.40
保健	188	190	203	353	353	0.30	0.29	0.30	0.49	0.50
社会保障	587	484	672	727	826	0.93	0.75	1.01	1.00	1.16
介護	-	1,765	489	323	362	-	2.73	0.74	0.44	0.51
内生部門計	58,992	61,022	66,812	79,897	81,292	93.81	94.26	100.52	109.88	114.40
家計外消費支出	1,173	953	951	905	931	1.86	1.47	1.43	1.24	1.31
家計消費支出	6,110	5,563	5,216	6,093	6,413	9.72	8.59	7.85	8.38	9.02
輸出	1,352	2,211	2,827	3,332	3,662	2.15	3.42	4.25	4.58	5.15
（控除）輸入計	-4,717	-5,295	-9,526	-18,228	-22,400	-7.50	-8.18	-14.33	-25.07	-31.52
最終需要部門計	3,892	3,717	-345	-7,183	-10,235	6.19	5.74	-0.52	-9.88	-14.40
国内生産額	62,883	64,739	66,468	72,714	71,057	100.00	100.00	100.00	100.00	100.00

②医業産業

	産出額（億円）					対国内生産額比率（%）				
	1995	2000	2005	2011	2013	1995	2000	2005	2011	2013
医療	5,548	6,434	7,253	13,192	14,398	1.86	1.92	2.00	3.08	3.10
社会保険事業	3,065	0	0	0	0	1.03	0.00	0.00	0.00	0.00
介護	-	86	45	68	80	0.00	0.03	0.01	0.02	0.02
内生部門計	8,613	6,520	7,298	13,260	14,478	2.89	1.94	2.01	3.10	3.12
家計外消費支出	2,725	3,242	3,244	3,295	3,575	0.91	0.97	0.90	0.77	0.77
家計消費支出	50,775	67,647	70,292	79,570	86,165	17.03	20.14	19.40	18.60	18.56
対家計民間非営利団体消費支出	0	0	0	0	0	0.00	0.00	0.00	0.00	0.00
一般政府消費支出	236,037	258,412	281,516	331,590	359,951	79.17	76.95	77.70	77.53	77.55
（控除）輸入計	-7	-10	-21	-36	-39	0.00	0.00	-0.01	-0.01	-0.01
最終需要部門計	289,529	329,293	355,033	414,421	449,656	97.11	98.06	97.99	96.90	96.88
国内生産額	298,142	335,813	362,331	427,682	464,134	100.00	100.00	100.00	100.00	100.00

出所：総務省『産業連関表』、経済産業省『平成25年産業連関表（延長表）』より作成。

（2）ミクロ的消費行動

医療に対する家計の支出行動の推移を総務省の『家計調査年報』にもとづいて時系列でみていこう。表４－６では、全世帯の平均的支出を所得の五分位階級の第Ⅰ階級と第Ⅴ階級についてまとめてみた。ここでは、医療保険制度に再

表4－6　医薬品・保健医療サービス・年間収入の推移（全世帯・1世帯当たり）

（単位：円、％）

年	第Ⅰ階級			第Ⅴ階級			第Ⅰ階級／第Ⅴ階級		
	医薬品	保健医療サービス	年間収入	医薬品	保健医療サービス	年間収入	医薬品	保健医療サービス	年間収入
2002	15,096	41,340	2,268	25,716	85,392	14,424	58.70	48.41	15.72
2003	16,056	43,392	2,244	25,692	92,760	13,704	62.49	46.78	16.37
2004	13,908	45,384	2,244	24,336	98,040	13,548	57.15	46.29	16.56
2005	12,336	44,388	2,232	23,952	101,340	13,332	51.50	43.80	16.74
2006	13,488	43,296	2,172	23,592	109,404	13,560	57.17	39.57	16.02
2007	15,324	46,764	2,148	22,488	114,456	13,728	68.14	40.86	15.65
2008	13,908	45,708	2,196	22,272	105,948	13,320	62.45	43.14	16.49
2009	13,932	43,620	2,112	27,000	112,896	13,200	51.60	38.64	16.00
2010	18,576	38,220	2,052	27,300	95,448	12,768	68.04	40.04	16.07
2011	18,384	38,220	2,064	30,216	99,480	12,888	60.87	38.42	16.01
2012	17,700	41,328	2,040	31,104	99,360	12,780	56.91	41.59	15.96
2013	18,264	44,280	2,112	30,384	101,964	12,924	60.11	43.43	16.34
2014	17,568	38,340	1,992	29,292	99,960	12,816	59.98	38.36	15.54
2015	19,272	42,504	2,040	28,260	96,264	12,852	68.20	44.15	15.87

出所：総務省『家計調査年報』より作成。

分配効果があるかについても着目する。

実数をみると、「医薬品」は2008年にかけて減少傾向がみられたが、その後は第Ⅰ階級では1.8万円前後、第Ⅴ階級では3万円前後でどちらも横ばい状態となっている。「保健医療サービス」は第Ⅰ階級では4万円前後、第Ⅴ階級では2009年までは増加傾向がみられたが、その後は10万円前後で、それぞれ横ばい状態となっている。

次に、所得再分配の効果を第Ⅰ階級と第Ⅴ階級の比率により考察していこう。「年間収入」の比率は概ね16％前後である。これに対して、「医薬品」の比率は52～68％、「保健医療サービス」の比率は38～48％の間で変動しながら推移しており、どちらも年間収入の比率より高いことが分かる。つまり、「年間収入」でみた格差は大きいにもかかわらず、「医薬品」や「保健医療サービス」でみた格差は小さいということである。これは、「医薬品」と「保健医療サービス」がともに生活必需品であるためであろう。特に、「医薬品」には、調剤の自己負担だけでなく保険外の医薬品も含まれるが、低所得者層のこうした支出の割合が高くなっているのは、問題とすべきところである。

（3）労働供給

医療サービスの量と質の増大に伴い、医療関係の従事者数も拡大している。表4－7をみると、医師数は、1980年の15.6万人から2014年には31.1万人へとおよそ2倍に増大している。これは、医学部の入学定員の増加等により、医師の養成が図られたためである。また、看護職員数も、1982年の54.1万人から2014年には142.7万人へと3倍弱にまで増加している。これは、診療報酬制度における看護への重点配分や、看護教育制度の充実・整備によるものである。

こうした看護職員の増加とともに、コメディカルスタッフも増加している。こうした増加は診療・治療に対する補助行為や、各分野の専門技術の技能提供をより一層可能にするというメリットがある。また、看護への診療報酬における重点配分は、潜在看護師など技術と経験を持った途中退職者の復職の可能性にもつながる。労働条件改善は今後も必要であるが、訪問看護サービス・在宅医療の人材として有望視されている。また、高齢化に伴い、理学療法士・作業療法士が一層需要され、リハビリテーションも大きく貢献することになる。

一方、労働時間の過多や不規則な勤務、医療事故にまつわるトラブル等の問題により、特に外科医、小児科医、産婦人科医の医師不足が問題となっていた。外科医、小児科医、産婦人科医数の推移を表4－8によりみると、1994年と2014年というこの10年間で比較すると、外科医は0.62（＝15,383／24,718）倍、小児科医は1.26（＝16,758／13,346）倍、産婦人科医は0.96（＝10,575／11,039）倍となっており、医師不足は解消されつつあるものの、外科医はいまだ減少傾向にあることが分かる。

表４－７　医療関係の従事者数の推移

（単位：人）

年	医師	歯科医師	薬剤師	看護師 准看護師	理学療法士	作業療法士
1980	156,235	53,602	116,056	－	－	－
1982	167,952	58,362	124,390	540,971	－	－
1984	181,101	63,145	129,700	590,177	－	－
1986	191,346	66,797	135,990	639,936	－	－
1988	201,658	70,572	143,429	694,999	－	－
1990	211,797	74,028	150,627	745,301	10,035	4,689
1992	219,704	77,416	162,021	795,810	12,039	5,826
1994	230,519	81,055	176,871	862,013	14,205	7,028
1996	240,908	85,518	194,300	928,896	17,316	8,741
1998	248,611	88,061	205,953	985,821	21,330	11,039
2000	255,792	90,857	217,477	1,042,468	26,944	14,880
2002	262,687	92,874	229,744	1,097,326	33,439	19,817
2004	270,371	95,197	241,369	1,146,181	41,271	26,070
2006	277,927	97,198	252,533	1,194,121	52,114	33,697
2008	286,699	99,426	267,751	1,252,224	65,600	42,357
2010	295,049	101,576	276,517	1,320,873	83,000	53,070
2012	303,268	102,551	280,052	1,373,521	100,635	61,847
2014	311,205	103,972	288,151	1,426,932	120,072	70,672

出所：厚生労働省『医師・歯科医師・薬剤師調査』より作成。

表４－８　外科医、小児科医、産婦人科医の推移

（単位：人、％）

年	医師数						
		うち外科		うち小児科		うち産婦人科	
	総数	人数	構成比	人数	構成比	人数	構成比
1994	220,853	24,718	11.2	13,346	6.0	11,039	5.0
1996	230,297	24,919	10.8	13,781	6.0	10,847	4.7
1998	236,933	24,861	10.5	13,989	5.9	10,916	4.6
2000	243,201	24,444	10.1	14,156	5.8	10,585	4.4
2002	249,574	23,868	9.6	14,481	5.8	10,618	4.3
2004	256,668	23,240	9.1	14,677	5.7	10,163	4.0
2006	263,540	21,574	8.2	14,700	5.6	9,592	3.6
2008	271,897	16,865	6.2	15,236	5.6	10,012	3.7
2010	280,431	16,704	6.0	15,870	5.7	10,227	3.6
2012	288,850	16,083	5.6	16,340	5.7	10,412	3.6
2014	296,845	15,383	5.2	16,758	5.6	10,575	3.6

注：外科医が2008年に大きく減少しているのは、2008年以降、外科が、外科・乳腺外科・消化器外科（胃腸外科）の３つに細分化されたためである。
出所：表４－７と同じ。

4-4　価格と医療供給

医療の供給といえども、診療報酬制度や薬価基準といった点数の影響を受けている可能性がある。この点について検討する。

(1) 診療報酬

診療報酬は、医療機関が行う医療サービスに対する対価として保険者から支払われる報酬であり、保険適用の対象となる医療サービスの範囲を決めるとともに、個々の医療サービスの公定価格を定めるという、2つの役割を担っている。また、医師の診療行為や医療機関の経営に大きな影響を与える非常に重要なものである。

従来は、基本的には出来高払い方式がとられてきた。しかし、2005年に包括払い方式（以下、DPC制度）が導入され、現在は両方式が併用されている。2005年当初は、全国の特定機能病院82施設で開始され、2016年では1,667施設、一般病床数では49.5万病床であり、全一般病院（精神科病院・結核診療所を除く）に占める割合は病院数では22.5%、一般病床数では55.4%にまで広がりをみせている。

表4-9　DPC対象病院と病床数の推移

年	病院数	一般病床数
2003	82	66,497
2004	144	89,330
2006	359	176,395
2008	713	286,088
2009	1,278	430,224
2010	1,388	455,148
2011	1,447	468,362
2012	1,505	479,539
2013	1,496	474,981
2014	1,585	492,206
2015	1,580	484,081
2016	1,667	495,227

出所：厚生労働省保険局医療課「平成28年度診療報酬改定の概要（DPC制度関連部分）」より作成。

診療報酬改定は概ね2年に1回実施されている。その内容は、「技術・サービスの評価」と「物の価格評価」にもとづいて行われており、厚生労働大臣が中央社会保険医療協議会の意見を聴いて決定することになっている。表4-10は診療報酬改定の推移をまと

表4-10　診療報酬改定率の推移

（単位：％）

年度	全体改定率	診療報酬			
		全体	医科	歯科	調剤
1990	1.0	3.7	4.0	1.4	1.9
1992	3.3	5.7	5.4	2.7	1.9
1994	2.7	4.8	4月実施分：3.5 10月実施分：1.7	4月実施分：2.1 10月実施分：0.2	4月実施分：2.0 10月実施分：0.1
1996	0.8	3.4	3.6	2.2	1.3
1997	0.38	1.7(0.77)	1.31(0.32)	0.75(0.43)	1.15(0.15)
1998	△1.3	1.5	1.5	1.5	0.7
2000	0.2	1.9	2.0	2.5	0.8
2002	△2.7	△1.3	△1.3	△1.3	△1.3
2004	△1.0	±0	±0	±0	±0
2006	△3.16	△1.36	△1.5	△1.5	△0.6
2008	△0.82	0.38	0.42	0.42	0.17
2010	0.19	1.55	1.74	2.09	0.52
2012	0.004	1.379	1.55	1.7	0.46
2014	0.1	0.73(0.63)	0.82(0.71)	0.99(0.87)	0.22(0.18)
2016	△0.84	0.49	0.56	0.61	0.17

注：（　）内は消費税引き上げ分
出所：厚生労働統計協会（2015）『保険と年金の動向2015／2016』より作成。

めたものである。診療報酬は2002年に1.3%、2006年に1.36%引き下げられた以外は、デフレ下においても引き上げられる傾向にあった。これは、病院経営の安定化等を反映した結果と考えられる。

こうした診療報酬制度の改定が医療の現場の診療にどのような影響を与えてきたか、表4-11に示した1件当たり点数の推移でみていこう。まず、入院についてみていくことにしよう。入院の1件当たり点数は、2000年では33,608.3点であったが、2015年では50,237.8点となり、この15年間で約1.5倍に増大している。2015年時点における内訳をみると、最も大きいのが「入院料等」で38.1%、次いで「診断群分類による包括評価等」29.6%、「手術、麻酔」17.6%であり、上位3項目で約85%を占めている。

DPC制度導入の影響をみると、「診断群分類による包括評価等」が増加している。一方で、同制度において包括評価される「入院料等」「検査、画像診断、

表４-11　診療行為別１件（明細書）当たり点数の推移

	1990	1995	2000	2005	2010	2015
入院（点／件）	27,834.9	34,279.6	33,608.3	37,583.2	45,781.9	50,237.8
（５年平均変化率：％）	—	4.6	-0.4	2.4	4.4	1.9
初診・再診、医学管理等、在宅医療	75.3	175.6	412.2	438.2	443.0	484.4
検査、画像診断、病理診断	3,214.8	3,480.1	3,239.6	2,811.6	1,465.4	1,190.4
投薬、注射、処置、放射線治療	6,334.3	5,941.5	4,563.9	4,727.9	3,066.9	2,828.7
リハビリテーション、精神科専門療法	457.3	664.4	777.9	1,060.8	2,097.9	2,822.6
手術、麻酔	2,088.5	3,299.5	4,543.9	4,960.7	7,528.5	8,864.8
入院料等	15,664.8	20,717.7	20,071.5	21,319.2	18,450.4	19,150.9
診断群分類による包括評価等	—	—	—	2,264.7	12,729.8	14,888.3
入院外（点／件）	1,294.1	1,477.2	1,333.5	1,258.4	1,293.8	1,309.6
（５年平均変化率：％）	—	2.8	-1.9	-1.1	0.6	0.2
初診・再診、医学管理等、在宅医療	356.8	399.5	472.5	411.1	408.5	409.7
検査、画像診断、病理診断	262.5	285.4	274.8	284.2	319.8	342.4
投薬・注射、処置、放射線治療	643.9	738.6	518.6	494.6	483.7	474.9
リハビリテーション、精神科専門療法	14.1	24.4	30.4	37.8	44.6	42.6
手術、麻酔	17.1	29.2	37.4	30.6	37.1	39.3

出所：厚生労働省『社会医療診療行為別統計』より作成。

病理診断」「投薬、注射、処置、放射線治療」は減少している。入院の１件当たり点数はなお増大しているが、DPC 制度の導入により、その伸び率は近年抑えられている。

次に、入院外の１件当たり点数についてみていこう。入院外の１件当たり点数は、表４-11 に示したように、2015 年では 1,309.6 点であり、2000 年の 1,333.5 点と比較するとわずかに２％の減少であり、ほぼ安定的に推移していることが分かる。

それでは、診療報酬改定率（医科）と入院および入院外の１件当たり点数（総数）の伸び率との関係を図４－６と図４－７でみていこう。診療報酬改定率（医科）と１件当たり点数の伸び率との間の相関係数は、入院で 0.28、入院外で 0.83 である。入院においてはあまり強くはないが、どちらにおいても正の相関関係がみられるので、診療報酬の改定が診療に影響を与える可能性がないとはいえないということである。

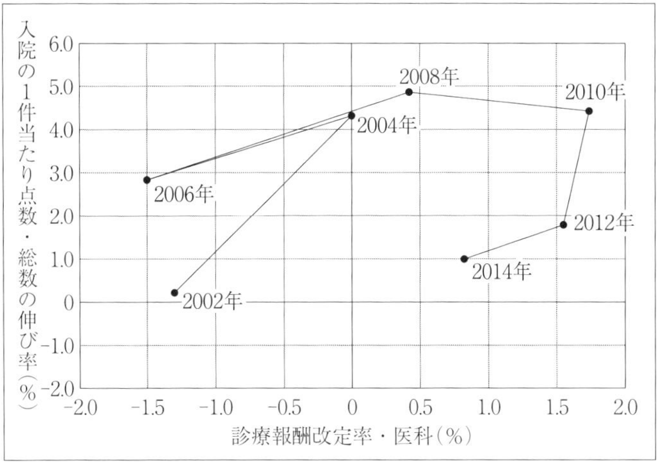

図 4 - 6　入院の診療行為別 1 件当たり点数の伸び率と
診療報酬改定率（医科）の関係

出所：表 4 -11 と同じ

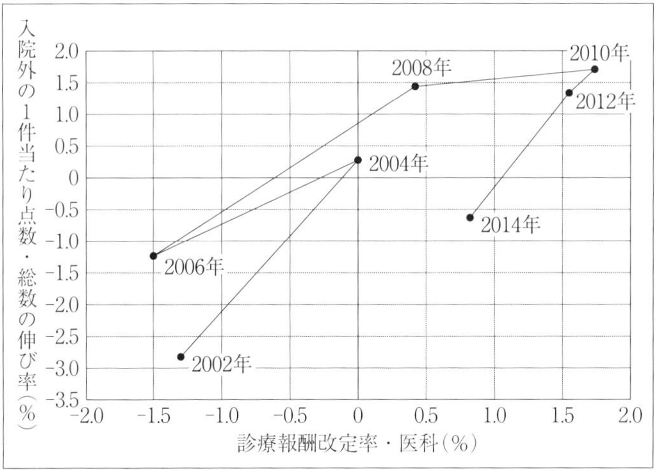

図 4 - 7　入院外の診療行為別 1 件当たり点数の伸び率と
診療報酬改定率（医科）の関係

出所：表 4 -11 と同じ

(2)薬価基準

薬価基準は、保険診療で使用される医薬品に対する公定価格である。診療報酬と同様に、保険適用となる医薬品の範囲とともに、保険適用された個々の医薬品の公定価格を決めるという、二つの役割を担っている。

薬価基準に関しては、これまで薬価差益の存在が問題視されてきた。薬価差益とは、薬価基準による公定価格と市場価格とのかい離のことである。かつて1989年に1.3兆円という薬価差益が存在していたが、表4-12から分かるように、薬価差益の是正のために、長年にわたり薬価基準は引き下げられてきた。その結果、薬価差は1993年度の19.6%から2013年度には8.2%へと低下しており、従来議論されてきたような大きな薬価差益は、現在はあまり出現していない。

また、新薬を保険適用するか否かの審査にかなり長い期間を要するというドラッグ・ラグが以前は問題とされていた。しかし、この点についても近年、治験

表4-12　薬価改定率の推移

(単位:%)

年度	全体改定率	薬価(医療費ベース)		
		全体	薬価	材料価格
1990	1.0	△2.7	-	-
1992	3.3	△2.4	△2.0	△0.1
1994	2.7	△2.12	△1.97	△0.15
1996	0.8	△2.6	△2.5	△0.1
1997	0.38	△1.32	△1.27	△0.05
1998	△1.3	△2.8	△2.7	△0.1
2000	0.2	△1.7	△1.6	△0.1
2002	△2.7	△1.4	△1.3	△0.1
2004	△1.0	△1.0	△0.9	△0.1
2006	△3.16	△1.80	△1.6	△0.2
2008	△0.82	△1.20	△1.1	△0.1
2010	0.19	△1.36	△1.23	△0.13
2012	0.004	△1.375	△1.255	△0.12
2014	0.1	△0.63	△0.58	△0.05
2016	△0.84	△1.33	△1.22	△0.11

出所:表4-10と同じ。

体制を整備するとともに、海外での認証認可を参考にするシステムが確立された結果、ドラッグ・ラグは2006年度の約2.4年から2014年度の約1.1年へと短縮されてきており、治験や認証期間の海外との格差も大幅に解消された。

これに対して、新薬の認可が大幅に短縮化されたことにより、近年では新しい画期的で高額の新薬が保険薬として認可されるようになり、あまりの高額さゆえに、保険財政あるいは高額療養費負担の巨額化が問題となっている。例えば、抗がん剤オプジーボ、高脂血症薬レパーサ、C型肝炎治療薬ハーボニーなどである。このように非常に効果があり高額な新薬が登場しても、高額療養費制度によって自己負担は大きく軽減されるが、薬剤費の高騰が政府の財政負担の増加という問題を引き起こしている。そのため、2017年の2月から、いきなり薬価を50%削減するという極端な政策がとられている。新薬の開発と、保険財政あるいは政府財政とのバランスを考えながら、薬価の問題を検討していく必要がある(8)。

4-5　今後の課題

(1) ナショナル・ミニマムとしての高齢者医療

現行制度の概要

一般的に、高齢者の1人当たり医療費は、現役世代に比べて高い。そのため高齢者を多く抱える保険では、構造的に医療費が増加するという問題を抱えることになる。そこで、こうした高齢者の医療費を現役の医療保険で共同で負担するために、1983年に老人保健制度が導入された。しかし、1990年代以降の長引く不況で保険料収入がなかなか増えないなか、老人保健拠出金が保険財政を悪化させたため、2008年より新たな高齢者医療保険制度に移行した。

（8） 海外では、医薬品の保険収載や薬価決定にあたっては、費用対効果などの経済的な評価が行われるのが一般的となっている。費用対効果とは、QOLを考慮した質調整生存年（QALY）1単位を改善するのにかかる費用を定量的に評価したものである。1993年にオーストラリアで初めて導入され、イギリスやカナダ、韓国などでも取り入れられている。

新たな高齢者医療保険制度は、図4－8に示したように、後期高齢者医療制度と前期高齢者財政調整制度からなる。後期高齢者医療制度とは、75歳以上を対象とした保険であり、負担割合は、政府からの支援金（公費）が45%、現役の医療保険からの支援金が36%、残り19%のうち、10%が後期高齢者の自己負担であり、残りの9%が保険料収入となっている。保険料は個人単位で徴収され、都道府県ごとの医療費水準に応じた金額が設定されている(9)。一方、65歳以上75歳未満の前期高齢者については、各保険に加入したままで、前期高齢者の加入者比率に応じて保険間で費用を分担するという、従来通りの制度が残された。このように後期高齢者医療制度は、医療保険制度の一つとして設立されたが、そもそも保険として成り立つはずがないので、政府と現役世代からの支援で財政をバランスさせようとしているのが特徴であり、問題点でもある。

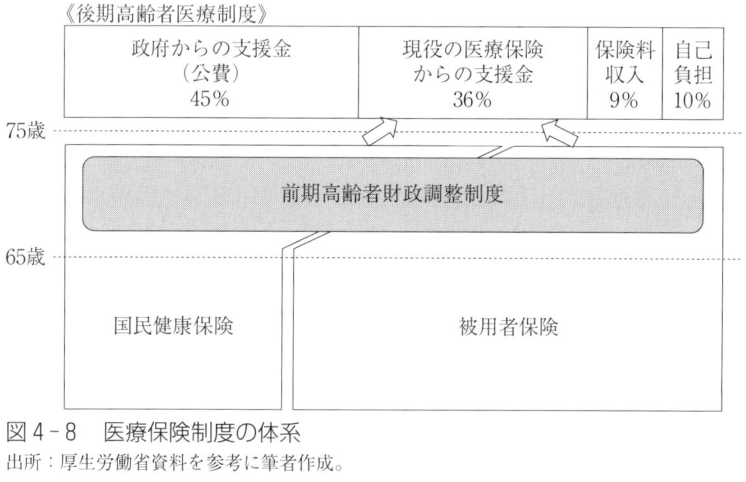

図4－8　医療保険制度の体系
出所：厚生労働省資料を参考に筆者作成。

（9）　2016～2017年度の後期高齢者医療制度の保険料率は、全国平均5,659円／月、一番高いのは東京都7,958円／月、一番低いのは秋田県2,963円／月である。

保険料徴収の意義・問題点

医療需要は人口の増加や人口の高齢化、医療の高度化という三つの要因で、果てしなく増加していく。今後最も注目されるのは、団塊の世代が後期高齢者医療制度の適用を受ける2025年頃である(10)。2025年の医療給付費は54兆円と推計されており、2015年の39.5兆円と比べて約1.4倍に増加する見込みである(11)。これに伴う公費負担は2025年では25.5兆円であり、2015年の17.2兆円と比べて約1.5倍（8.3兆円の増加）となり、これを財政的に支えるシステムが長期的に維持可能なものかどうかが問題となる。

一番課題となるのが、高齢者医療費の医療需要を抑制することである。そのための取り組みの一つ目は、自己負担の引き上げによる受診率の抑制である。二つ目は、予防医療の充実により健康寿命を長くすることで、医療需要の抑制を図ることである。

政府は高齢者の医療費を抑制するために、自己負担の引き上げに取り組んでいる。2014年度から新たに70～74歳になる人の自己負担率がこれまで特例措置で1割にされていたのを2割に引き上げることとした(12)。また、2017年から高額療養費制度において、一定所得以上の70歳以上の負担の上限を引き上げることとした。一方、財政収支改善のための保険料の引き上げでは、2017年から後期高齢者の低所得者と元被扶養者への軽減措置を段階的に廃止する(13)。

ここで、自己負担の引き上げと保険料の引き上げの違いを考えてみた。自己負担の引き上げは医療需要へのモラルハザードを抑制することから、ある程度の効果は期待できる。これに対して、年金収入しかない高齢者の医療保険料を

(10)　2025年における団塊の世代は約555万人に及ぶ。

(11)　厚生労働省の「社会保障に係る費用の将来推計の改定について」による。

(12)　70～74歳の自己負担は本来2割だったが、2008年から2013年までは1割に軽減されていた。この改正により単年度で1,898億円の収入増となる。

(13)　元被扶養者への保険料は現行では9割軽減され全国平均月額380円だった。しかし、2017年度には7割軽減（月額1,140円）、2018年度には5割軽減（月額1,900円）へと引き上げる見込みである。年収153万～211万円という低所得者に対する軽減措置も現行の5割軽減から、2017年度には2割軽減、2018年度には廃止する見込みである。

引き上げることに何の意味があるのであろうか。

民間の医療保険が中心であったアメリカでも、高齢者および障がい者に対するメディケアと一定の条件を満たす低所得者に対する公的扶助であるメディケイドは、税金により運営されてきた。このうちメディケアは日本における高齢者医療保険制度に対応する。もし、ナショナル・ミニマムとして高齢者医療を位置付けるならば、保険料部分は世代間の移転というかたちで、現役の医療保険からの拠出金、あるいは政府の公的負担のなかにむしろ含めるべきではないだろうか。年金制度では、給付にかかる費用は、現役の保険料からの移転負担と国庫負担で賄われている。高齢者医療を今後どのように位置付けるのか、議論すべき大きな課題といえよう。

（2）高額療養費制度と民間保険

高額療養費と自己負担

次に検討すべき課題としては、高額療養費制度のあり方が挙げられる。高額療養費は図4－9に示したように、2000年では8,508億円だったが、2003年には1兆円、2011年には2兆円を超え、2014年では2兆2,849億円となっており、この14年間で約2.7倍となっている。高額療養費制度は、家計に対する医療費の負担が過度なものとならないために、医療機関の窓口で支払う自己負担額に上限を設けるというものであり、家計にとっては非常にメリットがある。

しかし、2017年度の医療・介護制度改革により、世代間の負担の公平、負担能力に応じた公平な負担の観点から、70歳以上の高額療養費が改正され、70歳以上と70歳未満との格差は、2018年8月以降は住民税非課税世帯への対応のみとなる。これにより政府の財政負担への影響はかなり弱まると考えられるが、高齢者の患者数は今後かなり増加すると予想されるので、政府財政への悪影響は完全に解消されたとはいえない。今後も、自己負担のあり方を再検討することは必要である。

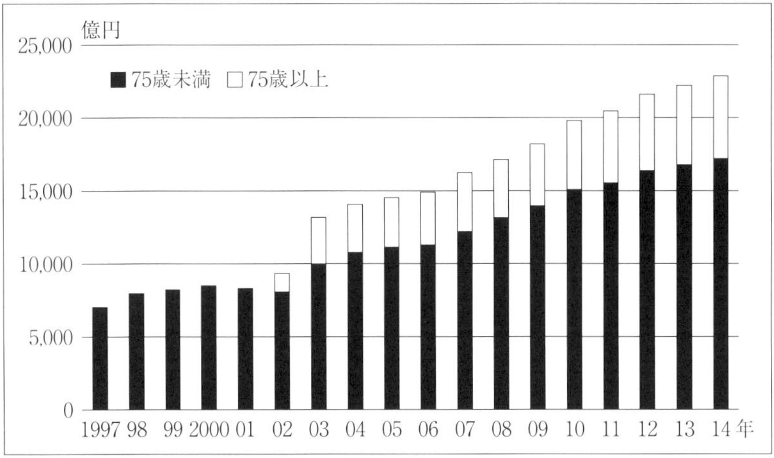

図４－９　高額療養費の推移

出所：厚生労働省『国民医療費』より作成。

表４－13　高額療養費の自己負担限度額（2018年８月～）

区分	外来（個人ごと）	自己負担額	医療費100万円の場合の負担額
70歳未満＆70歳以上（年収370万円以上）			
年収 約1,160万円～	252,600円＋（医療費－842,000円）×１％〈多数回該当：140,100円〉		254,180円
年収 約770～約1,160万円	167,400円＋（医療費－558,000円）×１％〈多数回該当：93,000円〉		171,820円
年収 約370～約770万円	80,100円＋（医療費－267,000円）×１％〈多数回該当：44,400円〉		87,430円
70歳未満（年収370万円未満）			
年収 ～約370万円	57,600円〈多数回該当：44,400円〉		57,600円
住民税非課税	35,400円〈多数回該当：24,600円〉		35,400円
70歳以上（年収370万円未満）			
年収約156万円～約370万円	18,000円〈上限：144,000円/年〉	57,600円〈多数回該当：44,400円〉	57,600円
住民税非課税	8,000円	24,600円	24,600円
住民税非課税(所得が一定以下)		15,000円	15,000円

出所：厚生労働省資料をもとに筆者作成。

民間保険の拡充

最後に、課題として挙げておきたいのが、今後増大する医療費を賄っていく方法の一つとして、民間保険の充実を本格的に議論することである。現在多くの企業により医療保険が提供されているが、それらは所得補償型であり、海外でみられるような個別疾病に対する医療費を補償するものではない。これは日本では世界に誇るべき公的な国民皆保険体制を実現させているためではあるが、このシステムを維持するためには多額の公費負担が必要となる。その財源として消費税引き上げ分を充てることも有効であろうが、一度消費税の使途を限定してしまうと、人口減少により将来的に医療費総額が下がり始めた時期にそのスピードを遅らせることも懸念される。そこで、こうした負担を、保険料で賄うのか、税金で賄うのか、それとも民間保険で補填していくのか、今一度議論することも必要ではないだろうか。

先進各国では、公的医療保険でカバーされない部分を民間医療保険が補うことで、医療保険市場が形成されている。民間医療保険（private health insurance）への加入率は、オーストラリアでは55.8％（2015年）、ドイツでは33.8％（2014年）、イギリスでは10.5％（2014年）となっている[14]。

オーストラリアの民間医療保険の加入率が比較的高いのは、主に診療にかかる待ち時間を短縮することや、追加的な負担により医師の選択を可能にする（自由価格制）こと、さらには歯科治療や眼科治療などの公的医療保険適用外サービスに備えるためである。また、高額所得者で民間医療保険に加入しない者には追加的な税負担があるなど、加入するインセンティブも設けられている。

ドイツでは、公的医療保険への加入は一定所得以上の者や自営業者などでは任意であるため、高額所得者を中心に民間医療保険に加入している。また、イギリスには税方式による公的医療保険もあるが、民間医療保険が10.5％とはいえ存在するのは、比較的緊急性が低く安価な診療に対する待ち時間を短縮するためである。日本でも、民間医療保険の導入を図り、どこまでを公的医療保険の対象とすべきなのかを検討する時期にきているのではないだろうか。

---

(14)　OECD Health Statistics 2017より

第5章
介護保険制度のあり方と経済活動

本章では、まず介護保険制度の概要と変遷を解説したのち、これまでの介護保険に関する経済分析について紹介する。続いて、介護保険の論点を整理しながら、その問題点を提示する。最後に、今後の課題について述べる。

5-1　制度の概要と変遷

ここでは介護保険制度の概要を解説したのちに、現在に至るまでの制度の変遷をみていくことにしよう。

(1) 概要

介護とは、心身の障害により日常生活が困難になった者への援助のことをいう。本格的な高齢化社会を迎えるにあたり、寝たきりや痴呆症などにより介護や支援が必要となる人の増加や、介護の長期化（高齢なほど要介護状態となる確率は上がるため）など、今後介護需要は増大することが予想される。

多くの人々が自分自身や配偶者、親が要介護状態となることに強い不安を抱くのは必然である。なぜならば、そうした状態となった者を抱えると、その介護に伴う肉体的・精神的・経済的な重圧から、家庭崩壊といったリスクを発生させかねないためである。とりわけ日本では、主に女性が介護を担うことが多く、そのための離職も少なくなかった。また、家族形態も多様化し、核家族化により、高齢者が高齢者を介護する老老介護や、単身世帯のため介護者がいないなどの問題も生じている。一方、介護費用を節約するために病院には社会的入院があふれ、将来的に医療保険を破たんさせかねない状態であった。

介護保険制度が導入される以前には、介護サービスは市町村が給付内容を決定する、いわゆる「措置」により行われていた。そして、介護サービスの基盤整備を進めるために、1989年には「高齢者保健福祉十カ年計画（ゴールドプラン）」が策定され、1994年には「新ゴールドプラン」によりその目標値が一層強化された。しかし、増加し続ける介護費用の財源調達や所得審査に対する心理的抵抗、措置制度が主に低所得者層を対象としていたので、中高所得者層の介護にかかる負担が非常に重いという、さまざまな問題を発生させていた。そこで、社会全体で介護を支えるために、介護保険制度が2000年に創設された。図5-1は、介護保険の概要を示したものである。保険者は、市町村および特別区（以下、市町村）である。被保険者は、65歳以上の第1号被保険者と、医療保険に加入している40歳以上65歳未満の第2号被保険者からなる。給付対象者は、第1号被保険者の場合、要介護（要支援）状態と判断された者である。第2号被保険者では、初老期における認知症、脳血管疾患などの老化に起因する疾病が原因で、要介護（要支援）状態になったと判断された者である。

介護サービスを利用するには、被保険者が市町村に認定の申請を行い、要介護認定を受ける必要がある。市町村は被保険者からの申請にもとづいて、自宅を訪問して心身の状況等に関する調査を行い、全国一律のソフトによりコンピューター判定（一次判定）をする。その後、保健・医療・福祉の専門家で構

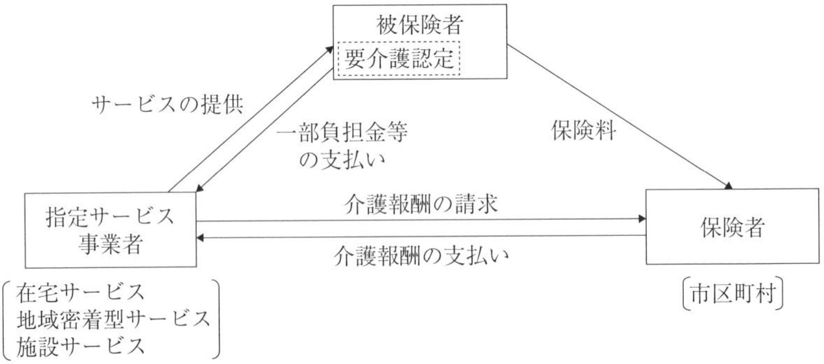

図5-1　介護保険制度の概要
出所：厚生労働省資料をもとに筆者作成。

成される介護認定審査会において、医師の意見書を参考にしながら、その人の要介護の状態を審査し、自立（非該当）、要支援１・２、要介護１～５までの８段階のいずれに該当するかを最終的に決定（二次判定）する。

給付は、要介護の人に対する介護給付と、要支援の人に対する予防給付に分かれている。介護給付には、居宅サービス、地域密着型サービス、施設サービスがある。予防給付には、介護予防サービス、地域密着型介護予防サービスがある。

介護保険では、利用者が自らの意志で利用するサービスや事業者を選ぶことができるが、要介護（要支援）度に応じた支給限度額が設定されており、その範囲内で自分に合ったサービス内容を決めるのは一般的には難しい[1]。そこで、多くの場合はケアマネージャーが、居宅サービスに対してケアプラン（介護予防サービスの場合は、介護予防ケアプラン）を作成している[2]。なお、支給限度額を超過した分は全額自己負担となる。

介護保険の負担割合は、原則として自己負担10％[3]、保険料45％、公費45％である。保険料は、全国の人口比率に応じて按分されており、第６期（2015～2017年）では、第１号被保険者が19.8％、第２号被保険者が25.2％を負担している。公費の内訳は、国22.5％、都道府県11.25％、市町村11.25％である。国の負担分のうち4.5％は調整交付金として、年齢構成や所得水準の違いから生じる市町村間の格差を調整するために使われている。また、未納・滞納などによる保険料収入の減少や一時的な給付拡大による赤字を補填するための資金の貸付・交付を行うために、財政安定化基金が設けられている[4]。

介護保険は従来の措置による税方式ではなく、社会保険方式としてスタートした。それに伴うメリットとしては、次の４点を指摘できる。①利用者は自ら

（１）　施設サービス、地域密着型サービスのうちグループホームと小規模多機能型居宅介護の場合は定額であり、いわば医療保険の包括払い方式に相当する。

（２）　ケアプランは、利用者が作成することもできる。

（３）　１人暮らしでは年収280万円以上、２人以上世帯では年収346万円以上の利用者は、自己負担が20％である。

（４）　財源は国、都道府県、市町村が３分の１ずつ負担し、都道府県ごとに設置されている。

の意志で、介護サービスの内容と事業者を選べること。②負担と給付の関係が明確であること。③介護サービス市場の充実と拡大が期待されること。④介護の社会化により家族の介護負担が軽減されることと、社会的入院が削減されること、である。

デメリットとしては、次の2点を指摘できる。①給付が増えると負担も増えること。②負担を抑制すると供給が足りなくなること、である。

(2) 変遷

介護保険制度は、その導入時点において十分な準備がなされていたわけではない。いわゆる自転車操業のように、まずはシステムを動かし、問題が生じたらそれに対処するというように、制度の変更が行われてきた。そのため介護保険法は3年ごとに見直しが行われている(5)。これまでの改正のうち、2005年、2011年、2014年の主な内容をまとめたものが表5-1である。

表5-1　これまでの主な制度改正のポイント

2005年改正 ①予防重視型システムへの転換 ・(旧) 要支援→ (新) 要支援1、(旧) 要介護1→ (新) 要支援2 + (新) 要介護1 ・要支援の人とその予備軍に、介護予防サービスを開始 ・地域包括支援センターの創設 ②地域密着型サービスの創設 ③施設における食費・居住費等を保険給付の対象外
2011年改正 ①地域包括ケアシステムにかかる施策の導入 ・定期巡回・随時対応型訪問介護看護、複合型サービスなどの開始 ・高齢者住宅を、サービス付き高齢者向け住宅に一本化 ・介護職員に痰の吸引や経管栄養の医療行為を解禁 ・介護職員処遇改善加算の創設
2014年改正 ①医療・介護総合確保推進法に伴う介護保険法の改正 ・予防給付のうち、訪問介護と通所介護を地域支援事業に移行

出所：厚生労働協会 (2015)『保険と年金の動向 2015/2016』により作成。

(5) 2005年までは、5年を1期として見直しが行われていた。

2005年改正のポイントは次の３点である。第１に、予防重視型システムへの転換である。2000年からの５年間で軽度者（従来の要支援・要介護１）の増加が著しかったため、彼らへの予防給付が見直された。そのなかで、従来の要支援が要支援１に、従来の要介護１が要支援２と要介護１に再分割された。そして、要支援の人や要介護認定において非該当と判定された人に、介護予防サービスが提供されるようになった。また、地域包括支援センターが創設された。

第２に、要介護者が住み慣れた地域で生活を継続できるように、地域密着型サービスが創設されたことである。第３に、居宅サービスと施設サービスとの公平性、介護保険と年金保険との調整をするために、施設サービスにおける食費・居住費等を保険給付の対象外としたことである。

2011年改正では、地域包括ケアシステムにかかる施策が導入された。地域包括ケアシステムとは、高齢者が認知症などの重度な要介護状態となっても、住み慣れた地域のなかで自立した日常生活を送れるように、住まい・医療・介護・予防・生活支援を一体的に提供する仕組みのことである。これにより、単身・重度の要介護者の在宅介護を支えるために、24時間対応の定期巡回・随時対応型訪問介護看護や、利用者ニーズに対応するために小規模多機能型居宅介護と訪問看護を組み合わせた複合型サービス(6)などが始まった。また、高齢者向け住宅をサービス付き高齢者向け住宅（サ高住）に一本化し、施設待機者の受け皿とした。介護職員に一部の医療行為を解禁するとともに、介護職員の処遇改善のための新たな加算も創設された。

2014年改正では、医療・介護総合確保推進法（「地域における医療及び介護の総合的な確保を推進するための関係法律の整備等に関する法律」）の一環として、介護保険法も改正された。

（６）　2015年に名称が、看護小規模多機能型居宅介護に変更された。

5-2　経済分析の展望

介護保険の導入により、家計や企業にプラスとマイナスの両面の影響が生じている。そこで、介護保険の導入に伴う経済効果をメリットとデメリットという側面・要因に分けて挙げることにしよう。

メリットとしては、次の３点が指摘できる。第１は、介護サービスの充実により家計の厚生水準が上昇する点である。第２は、介護雇用の拡大により家計の可処分所得が増加し、その結果として、家計消費の増加を通じて家計の厚生水準が上昇する点である。第３は、介護産業の拡大に加え他産業への経済波及効果を通じて経済全体が拡大する点である。

これに対して、デメリットとしては、次の２点が指摘できる。第１は、家計の介護保険料の負担増により家計の可処分所得が減少し、その結果として、家計消費の減少を通じて家計の厚生水準が低下する点である。第２は、企業の介護保険料の負担増により企業の税引き後利益が減少し、その結果として、雇用の低下を通じて家計の可処分所得が減少し、家計の厚生水準が低下する点である。

こうした点を考慮した介護保険に対する実証研究としては、保険導入前の分析として、大日（1997）、木村（1997）、大守・田坂・宇野・一瀬（1998）がある。また、導入後の分析としては、友田・青木・照井（2004）、菅・梶谷（2014）、安岡（2012）がある。

導入前の代表的なものとして、大日（1997）は介護サービスの充実により女性の介護のための離職が減少し、労働市場はより効率化されると考え、こうした労働力創出効果をロジットモデルを用いて検証した。それによると介護サービスの充実が新ゴールドプランというかたちで達成された場合、就業確率を20％以上押し上げるという結果を得た。木村（1997）は介護サービスの充実という労働需要の増加はGDPを引き上げると考え、こうした経済拡大効果を試算した。それによると、新ゴールドプランを達成するために必要となる労働需要の増加により、GDPは0.142％上昇するという結果を得た。さらに、大守・

田坂・宇野・一瀬（1998）は、介護サービスが充実すれば家計の介護のための貯蓄が減少することからその分だけ消費水準が上昇し、さらにはGDPを引き上げるというアプローチによる経済拡大効果をマクロモデルを用いて試算した。その結果、消費水準は2.25%拡大し、GDPは1.28%上昇するという結果を得た。

導入後の分析として、友田・青木・照井（2004）は、施設介護サービス市場の超過需要を解消する政策として、介護保険料の引き上げと自己負担率の引き上げの効果を考察し、こうした政策によりすべての家計の効用を引き上げることはできないことを示した。菅・梶谷（2014）は介護保険が家族介護者の介護時間に与えた効果を『社会生活基本調査』のマイクロデータを用いて検証した。その結果、介護保険の導入は高学歴の女性の自宅内介護時間を統計的に有意に減少させたものの、その時間が労働市場で有効に使用されたという結論には至らなかったとしている。安岡（2012）は出生率内生化を考慮した動学的一般均衡モデルを用いて、介護保険の導入により予備的貯蓄が減少することで資本蓄積が低下し、社会厚生を低下させるという結果を得た。以上のように、導入前にはプラス効果が強く計測され、導入後の分析ではややマイナス効果が多く報告されている。

以下では、家計だけでなく企業への影響をも考慮した計算可能型一般均衡モデルを用いて分析した吉田（2001）の分析結果を紹介しておく。この分析の特徴としては、介護保険が経済効率と所得分配の両面に与える影響を考慮した点が挙げられる。そのため、家計部門には20の所得階級を想定し、それぞれが可処分所得にレジャー価値と家庭内介護労働時間価値を加えた拡張可処分所得を制約として、近視眼的（myopic）に効用最大化問題を解くこととした。ここで決定される消費財のなかには、家庭内介護財（介護労働時間）が含まれている。

企業部門には、26種類の産業を想定し、それぞれが固定係数で与えられた投入係数と付加価値率のもとで、費用最小化行動をすることにした。政府部門には、個人所得税、年金・医療・介護からなる3種類の社会保障税、純生産物税、資本税の6つの税収を財源として、政府最終消費、公的資本形成、公的年金給付、公的医療サービス給付、公的介護サービス給付を行うこととした。

この論文では、通常の計算可能型一般均衡モデルをこのように拡張し、介護保険の効率・公正効果と財源を消費税で賄った時の同様な効果を比較し、今後の財源調達論議への示唆を与えることが試みられた。

介護保険の経済効果

以上のモデルにもとづくシミュレーション結果を紹介しよう。マクロ的な経済効果を表5-2によりみると、消費者物価指数は0.44%上昇するにもかかわらず、介護サービスの消費量が大きく増加するので、家計最終消費量は0.74%増加する。これにより、国内純生産は0.26%増加した。労働供給量は、0.1%増加するものの、家計最終消費量とともに貯蓄量も0.65%増加するので、相対的厚生変化率は平均的には0.04%上昇することになった。

一方、家計に与えるミクロ的な影響を表5-3によりみていこう。最終消費量は介護サービスの需要者である高齢者が多く含まれている低所得者層（第1～4所得階級）で大きく増加している。また、低所得者層に含まれる高齢者自身も介護保険料を負担するので、労働供給量も低所得者層で大きく増加している。なお、第1所得階級では、貯蓄量も大きく減少している。その結果、相対的厚生変化率は低所得者層では大きく低下している。その低下率は、所得階級が低いほど大きくなっている。

表5-2　マクロ的にみた経済効果

（単位：%）

	介護保険導入	消費税による財源調達
相対的厚生変化率	0.04	0.01
労働供給の変化率	0.10	0.10
家計最終消費の変化率	0.74	0.78
家計貯蓄の変化率	0.65	0.36
国内純生産額の変化率	0.26	0.16
消費者物価指数の変化率	0.44	0.47

出所：吉田（2001）より抜粋。

表５－３　ミクロ的にみた経済効果（家計への影響）

（単位：％）

所得階級	介護保険導入				消費税による財源調達			
	最終消費	労働供給	家計貯蓄	相対的厚生変化率	最終消費	労働供給	家計貯蓄	相対的厚生変化率
1	3.515	1.223	-0.137	-0.132	4.320	0.519	0.358	-0.058
2	2.313	0.552	0.541	-0.059	2.507	0.383	0.401	-0.053
3	2.424	0.400	0.633	-0.046	2.525	0.310	0.400	-0.054
4	2.414	0.256	0.701	-0.003	2.425	0.237	0.391	-0.032
5	1.429	0.180	0.707	0.084	1.410	0.179	0.381	0.052
6	1.575	0.122	0.749	0.153	1.530	0.142	0.395	0.103
7	1.224	0.118	0.719	0.179	1.193	0.126	0.373	0.131
8	1.059	0.109	0.755	0.116	0.989	0.150	0.375	0.052
9	0.481	0.095	0.708	0.109	0.448	0.100	0.368	0.066
10	0.489	0.103	0.672	0.115	0.481	0.081	0.359	0.081
11	0.484	0.083	0.727	0.103	0.429	0.103	0.368	0.043
12	0.493	0.102	0.691	0.100	0.452	0.101	0.355	0.048
13	0.494	0.092	0.730	0.082	0.423	0.122	0.361	0.015
14	0.339	0.097	0.698	0.069	0.291	0.103	0.357	0.015
15	0.382	0.088	0.773	0.047	0.273	0.155	0.367	-0.037
16	0.274	0.111	0.664	0.057	0.248	0.093	0.347	0.016
17	0.176	0.104	0.664	0.038	0.148	0.088	0.345	-0.006
18	0.068	0.079	0.685	0.025	0.021	0.750	0.351	-0.036
19	0.056	0.094	0.746	0.021	0.117	0.670	0.343	-0.025
20	0.091	0.069	0.768	0.061	0.085	0.630	0.338	-0.039

出所：表５－２と同じ。

このように、介護保険制度が導入されれば、厚生水準と経済活動水準はともに改善されることが示された。しかし、厚生水準からみた分配面では、需要者である高齢者自身もその費用を負担することになるため、低所得者層に悪影響を与えることが明らかになった。

消費税による財源調達ケース

ここでは、介護保険料収入と同規模だけ消費税を増税したケースでのシミュレーション結果を比較検討してみよう。マクロ的な経済効果を表5－2でみると、家計最終消費量と労働供給量の変化率に大きな差はみられない。しかし、消費の拡大を通じた経済活動への押し上げ効果は小さく、国内純生産の増加率は消費税ケースの方が0.1％ポイント小さかった。また、貯蓄量の増加率も小さいことから、相対的厚生の平均的増加率は消費税ケースの方が0.03％ポイント小さかった。

これに対して、家計に与えるミクロ的な影響を表5－3によりみると、低所得者層において最終消費量の増加率は消費税ケースの方が大きかった。また、労働供給量と貯蓄量を通じた低所得者層の厚生水準へのマイナス効果も消費税ケースではみられなかった。その結果、低所得者層における相対的厚生変化率の上昇率は消費税ケースの方が大きかった。ただし、高所得者層（第15所得階級、17～20所得階級）における相対的厚生変化率は逆に低下した。

このように介護保険の財源を消費税に求めた場合には、厚生水準と経済活動水準はともにやや悪化する。しかし、低所得者における相対的厚生変化率は上昇し、高所得者層におけるそれは低下することから、分配面では大きく改善されることが明らかとなった。したがって、消費税の方が効率面ではやや劣る（税としての歪みが大きい）ものの、分配効果は介護保険料による徴収よりも強いことが明らかにされた。

5－3　制度の問題

（1）現状

図5－2は要介護（要支援）認定者数の推移である。制度を開始した2000年度では256.2万人だったが、2010年には500万人を超え、2015年度では620.4万人（2000年度比2.42倍）にまで増加している。特に、要支援1と要介護1の認定者数の伸びが大きい。

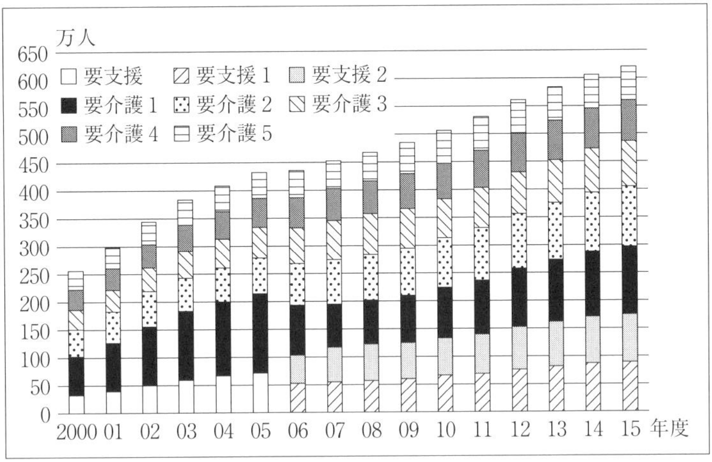

図5－2　要介護（要支援）認定者数の推移

注：経過的要介護者が2006年度で4.5万人、2007年度で0.2万人いたが、それ以降は存在しないので図では省略した。

出所：厚生労働省『介護保険事業状況報告』より作成。

図５－３は介護給付費の推移である[7]。介護給付費は2000年度では３兆2,291億円であったが、2003年度には５兆円を超え、2015年度では８兆5,207億円に達している。内訳をみると、居宅サービスの伸びが最も大きく、この15年間で4.3倍に拡大している。これに対して、施設サービスでは1.3倍に抑制されていることが分かる。2006年に開始した地域密着型サービスは、2015年までの10年間で2.9倍となっている。

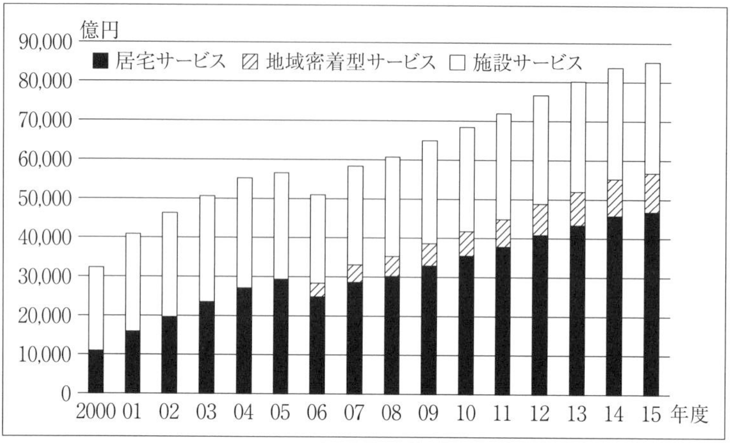

図５－３　介護給付費の推移

出所：図５－２と同じ。

（7）　高額介護サービス費、高額医療合算介護サービス費、特定入所者介護サービス費を含まない。

（2）介護費用の要因分解

介護費用は、医療費と同様に、需要量（＝供給量）と価格で決定されるが、量と価格はそれぞれさまざまな要因から決定されており、それらが複雑に絡みあった結果、介護費が高騰していると考えられる。介護費用は、一般的には次のような式で表せる。

$$介護費用 = 被保険者数 \times \frac{認定者数}{被保険者数} \times \frac{利用者数}{認定者数} \times \frac{介護費用}{利用者数}$$
$$= 被保険者数 \times 認定率 \times 利用率 \times 1人当たり介護費用$$

このように分解した各要因を表5－4を用いて検討してみよう。

表5－4　被保険者数、認定率、利用率、1人当たり介護費用

	2007	2010	2015
被保険者数（万人）	6,984	7,174	7,648
第1号被保険者	2,751	2,911	3,382
第2号被保険者	4,233	4,263	4,266
認定率（%）			
第1号被保険者	15.91	16.86	17.95
要支援1	1.97	2.24	2.59
要支援2	2.20	2.22	2.48
要介護1	2.72	3.03	3.54
要介護2	2.79	2.96	3.11
要介護3	2.47	2.32	2.34
要介護4	2.02	2.13	2.15
要介護5	1.74	1.96	1.73
第2号被保険者	0.35	0.36	0.32
要支援1	0.02	0.03	0.03
要支援2	0.05	0.05	0.05
要介護1	0.05	0.06	0.05
要介護2	0.08	0.08	0.07
要介護3	0.06	0.05	0.04
要介護4	0.04	0.04	0.04
要介護5	0.05	0.05	0.04

	2007	2010	2015
利用率（%）			
居宅（予防）サービス	57.7	59.6	62.4
地域密着型（予防）サービス	4.1	5.2	6.0
施設サービス	18.2	16.7	14.7
介護老人福祉施設	9.0	8.6	8.1
介護老人保健施設	6.7	6.4	5.6
介護療養型医療施設	2.4	1.7	1.0
1人当たり費用（万円/月）			
居宅（予防）サービス	4.6	5.5	5.7
地域密着型（予防）サービス	19.4	21.5	23.2
施設サービス	25.4	29.1	28.8
介護老人福祉施設	23.5	27.2	27.1
介護老人保健施設	24.5	28.9	29.3
介護療養型医療施設	34.6	38.9	38.4

出所：厚生労働省「介護保険事業状況報告」「介護給付費等実態調査」より作成。

被保険者数は、2007年から2015年にかけて第2号被保険者（40歳以上65歳未満）ではほぼ変わらないのに対し、第1号被保険者（65歳以上）では、高齢化により631万人（1.23倍）増加している。

認定率は、高齢なほど要介護状態になる確率は当然上がるため、第1号被保険者のほうが17.95％と、第2号被保険者に比べて圧倒的に高い。第1号被保険者の認定率は2007年から2015年にかけて2.04％ポイント上昇しており、特に要支援1と要介護1の認定率の伸びが1.3倍と、その他の1.1倍に比べて高くなっている。

利用率をみると、居宅（予防）サービスが62.4％と最も高いが、2007年から2015年にかけての伸びは4.7％ポイント（1.08倍）にとどまっている。次いで利用率が高いのは施設サービスの14.7％だが、全期間を通じて減少している。特に、介護療養型医療施設の利用率の低下が著しい(8)。これには、施設から在宅へという政策的意図とともに、施設数そのものが不足しているということも影響していると考えられる。地域密着型（予防）サービスの利用率は6％と低い水準に留まっているが、伸び率では1.9％ポイント（1.46倍）と最も大きい。今後、地域包括ケアシステムの整備に伴い、地域密着型（予防）サービスの拡大が予想される。

1人当たり費用が一番高いのは施設サービスである。2007年から2015年にかけて、介護老人福祉施設では1.16倍、介護老人保健施設では1.2倍、介護療養型医療施設では1.1倍増加している。次いで1人当たり費用が大きいのは地域密着型（予防）サービスの23.2万円であり、1.2倍増加している。地域密着型（予防）サービスの費用が高いのは、小規模多機能型施設やグループホームなどの施設サービスが含まれるためである。居宅（予防）サービスは5.7万円と一番低いものの、伸び率は1.25倍と最も大きくなっている。

これらの考察をまとめると、次の2点を指摘できる。第1に、費用の高い施設サービスから在宅サービスへのシフトを進めたとしても、在宅サービスであ

（8） 介護療養型医療施設は、2011年度末までに廃止されるはずであったが、介護老人保健施設等への転換が進んでいなかったため、その期限が2017年度末へと延長された。なお、新設は認められていない。

る居宅（予防）サービスや地域密着型（予防）サービスの利用率および1人当たり費用が増加することで、総額でみた介護費用はそれほど抑制できていない点である。第2に、仮に認定率の抑制に努めたとしても、本質的には高齢化による被保険者数の増加は止められないので、認定者数の増加を抑制することは難しいという点である。したがって、認定者数を抑制するための唯一の方法は、人々が要介護認定を申請しなくてもよい状態にすること、つまり介護予防に取り組むことである。

(3) 財政構造

図5-4は、介護保険の財源内訳を示している。2014年度の保険料負担は4兆4,974億円である。このうち、第1号被保険者の介護保険料は1兆8,934億円である。第1号被保険者の介護保険料は第6期（2015～2017年度）では5,514円であるが、厚生労働省の試算では2020年には6,771円、2025年には8,165円になる見込みである。第1期（2000～2002年度）が2,911円だったことを考慮しても、すでに保険料の引き上げは限界に達している。

また、第1号保険者の介護保険料は、各市町村の財政状況に応じて異なって

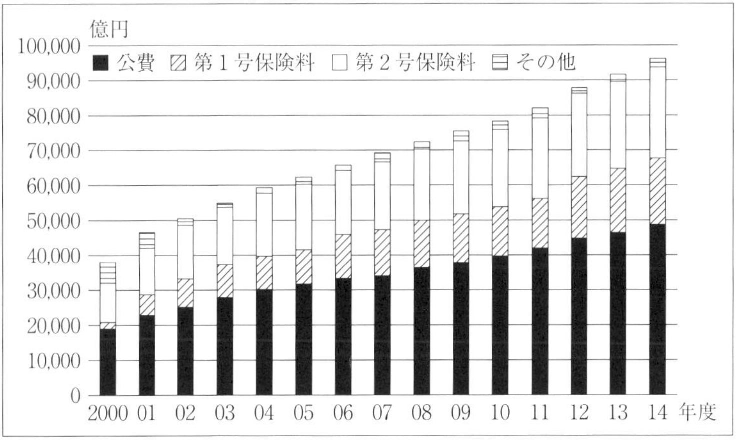

図5-4　介護保険にかかる財源調達の内訳

出所：図5-2と同じ。

おり、その格差が大きいことも問題視されている。表5-5は第1号被保険者の保険料の都道府県格差の現状をまとめたものである。これによると、第6期では、都道府県間で1.3倍もの格差が生じている。なお、市町村でみると、最大は奈良県天川村の月額8,686円、最小は鹿児島県三島村の月額2,800円であり、格差は3.1倍とさらに大きくなる。

第2号被保険者の介護保険料は2兆6,039億円、対2004年比1.4倍である。第2号被保険者の介護保険料は保険者ごとの加入者割で、医療保険料に含めて徴収されており、保険料率は協会けんぽで1.72%、健保組合で1.4%と、保険者間での差がみられた（2014年度時点）。そこで、2017年度より加入者割から総報酬制割へと段階的に移行し、全面施行は2020年となる。これにより大企業では年収が456万円なら1人当たり月727円、年収が約841万円なら月5,668円の負担増、中小企業では月241円下がる。負担が増えるのは公務員を合わせて約1,300万人と予想されている(9)。

公費負担は4兆8,699兆円であり、2010年度以降では平均5％で増加している。厚生労働省の「社会保障に係る費用の将来推計について（平成24年3月)」に示されているように、介護給付費は2020年度には14.9兆円、2025年

表5-5　介護保険料（第1号被保険者）の都道府県間格差

（単位：円／月）

	第3期(06～08年度)		第4期(09～11年度)		第5期(12～14年度)		第6期(15～17年度)	
	県名	金額	県名	金額	県名	金額	県名	金額
最大	沖縄県	4,875	青森県	4,999	沖縄県	5,880	沖縄県	6,267
	徳島県	4,861	沖縄県	4,882	新潟県	5,634	和歌山県	6,243
	青森県	4,999	徳島県	4,854	石川県	5,546	青森県	6,175
最小	茨城県	3,461	千葉県	3,696	栃木県	4,409	埼玉県	4,835
	福島県	3,496	福島・茨城県	3,717	千葉県	4,423	千葉県	4,958
	栃木県	3,549	埼玉県	3,722	埼玉県	4,506	栃木県	4,988
格差		1.41		1.35		1,33		1.30

出所：厚生労働省資料をもとに筆者作成。

（9）　社会保障審議会介護保険部会平成28年10月19日参考資料「費用負担（総報酬割)」より。

度には19.8兆円にまで膨れ上がり、それに伴う2015年度から2025年度にかけての追加的な負担は、保険料では4.1兆円、公費では5.1兆円と見込まれる。これをどう賄っていくのか、その負担のあり方について議論が今後必要となる。

（4）介護報酬

介護報酬とは、事業者が利用者に介護サービスを提供する対価として、保険者から支払われる報酬である。その報酬の詳細な内訳を決めているのが介護給付費単位数表であり、厚生労働大臣が社会保障審議会介護給付費分科会の意見を聴いて決定することになっている[10]。介護報酬の改定は3年に1回実施されている。この制度は、保険適用の対象となる介護サービスの範囲を決めるとともに、個々の介護サービスの公定価格を定めるという、二つの役割を担っている。

表5-6は介護報酬改定の推移をまとめたものである。介護保険の導入後しばらくは全体ではマイナス改定が続いたが、2009年度には介護従事者の処遇を改善するために、初めてプラス改定となった。2015年度には再びマイナス

表5-6　介護報酬改定率の推移

（単位：%）

年度	全体改定率	介護報酬	
		在宅	施設
2003	△2.3	＋0.1	△4.0
2006	△2.4	△1（軽度△5、中重度＋4）	△4.0
2009	＋3.0	＋1.7	＋1.3
2012	＋1.2	＋1.0	＋0.2
2014	＋0.63		
2015	△2.27	△1.42	△0.85

注：2006年度改定には、2005年度改定分を含む。
　　2014年度改定は消費率引き上げに伴うものである。
出所：厚生労働統計協会（2015）『保険と年金の動向2015/2016』より作成。

(10)　介護給付費単位数表は、介護サービス毎に単位で表されている。医療保険の診療報酬点数表は全国一律に1点＝10円だが、介護保険では地域やサービス内容により単位当たりの金額が異なっている。

改定となっているが、各サービスの介護報酬の設定において、収支状況などを反映した適正化の結果であり、介護職員処遇改善加算は1.65%増加している。

介護保険には介護報酬が決められているが、医療保険のような出来高払い方式ではなく、要介護度に応じて設定された支給限度額の範囲内で、利用者がサービス内容を決めている。そのため、利用者が支給限度額の全額を利用するとは限らない。

図5-5に示したように、支給限度額に対する実際の利用率は、すべての要介護（要支援）において100%をかなり下回っている。その理由として、家庭内介護の存在と、1割とはいえ自己負担を回避したいことが挙げられる。傾向的には、要支援を除くすべての要介護度において増加している。

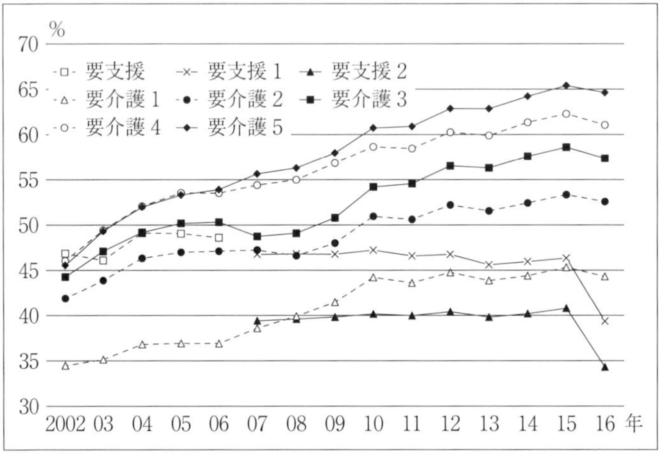

図5-5　支給限度額に対する利用割合

出所：厚生労働省「介護給付費等実態調査：結果の概要」より作成。

5‐4　今後の課題

人口の高齢化は今後ますます深化する。それに伴い、介護費用の増加も避けることはできない。そうしたなか、介護保険が抱える今後の課題としては、第１に介護費用の抑制、第２に介護市場の拡充、第３に保険財政の長期的安定化を挙げることができる。本節では、これらの３点について述べていく。

（1）介護費用の抑制

5‐3（2）では、介護費用の要因分析を試みた。基本的には、介護費用は被保険者数、認定率、利用率、１人当たり費用の４要因に分解できる。これらの各要因を抑制する方法を検討すれば、介護費用の削減を実現することができる。

まず認定率は、表5‐4からも分かるように、その抑制にあまり成功していない。これを抑制する手法の一つには、要介護認定の妥当性を審査するシステムを保険者側がグループを組んででも作ることが考えられる。また、もう一つの重要な手法としては、介護予防を全国で徹底することである。

利用率は、在宅サービスにおいてやや増加傾向にあるが、施設サービスでは、逆に抑制傾向にある。これは政策的に、施設から在宅へという誘導が行われたためである。さらに、在宅サービスの自己負担の低さも影響していると考えられる。この点に関して逆に考えるならば、自己負担を引き上げれば、利用率を抑制することは可能ということである。この議論は、医療保険における長瀬効果に相通じるところがある。ただし、一般的な長瀬効果は一時的なものであり、長期的には続かない点には留意すべきである。また、サービス利用の妥当性についても、医療保険におけるレセプトチェックに対応するような、ケアプランに対するチェックシステムを保険者側がグループを組んででも実施していくことが必要である。

最後に１人当たり費用は、いずれも上昇傾向にある。１人当たり費用は介護報酬の改定率により抑制することは可能である。しかし大幅に抑制すると事業者の収支状況に大きな影響を与えることになるので、価格付けの見直しは、こうした点も配慮して行うべきである。

これらの検討結果を踏まえれば、根本的かつ長期的な介護費用の抑制策としては、認定率の抑制しかないと考えられる。つまり、要介護の発生率を抑制することで、要介護（要支援）認定者数の伸びを少しでも緩やかにするということである。

この点に関して、市町村が実施する地域支援事業の一つとして、介護予防事業と呼ばれる政策がある。介護予防の重要性は関係者に十分に認知されている。一部の市町村では、介護予防に関する取り組みにより、要介護認定率の伸びが全国レベルに比べて抑制されたという報告もある。しかし、確実に効果が認められて、高齢者が自主的に参加したくなるような魅力的なプログラムがほとんどないという問題を抱えていた。そこで、こうしたプログラムを開発するための実験的な取り組みが、一部の市町村ですでに始まっている。それをまとめたものが表5－7である。

岡山市では、要介護認定で非該当であった人等（要介護認定を受けてもサービスを利用していない人を含む）を対象として、運動による介護予防を促進するために、フィットネスクラブ等の利用に応じて付与されるポイント制度が実施されている。このポイントは年間上限6,000円で換金可能であり、また地元商店街の商品券等とも交換できる。

横浜市では18歳以上の市民および市内在勤者を対象として、無料で歩数計を配布し、歩数に応じてポイントを与えている。ポイントに応じて、3,000円相当の商品券や協賛企業の景品が抽選で当たる。同様の取り組みは、千葉県白子町でも実施されている。ここではポイントを与える条件に、歩数だけでなく、BMI（Body Mass Index：体格指数）または筋肉率の改善を加えることで、介護予防の効果を上げようとしている。これらの事業は気軽に参加できるだけでなく、ポイントを現金や景品と交換できるので、大変人気がある。今後は、こうしたプログラムに本当に効果があるのかどうかを検証してくことが課題となろう。

近年、2003年の健康増進法の施行による健康意識の高まりを受けて、医療機関やスポーツクラブがメディカルフィットネス施設を開設する動きもある。

表5－7　介護予防事業の事例

<table>
<tr><th>地域</th><th>対象者</th><th>内容</th><th>交換できる景品例</th></tr>
<tr><td rowspan="2">岡山市</td><td>65歳以上で要介護（支援）認定を受けたがその後非該当になった、または認定を受けたがサービスを利用していない者</td><td>指定されたフィットネスクラブ等の施設での運動に対してポイントを付与。【具体例】1回の活動で1ポイント</td><td rowspan="2">①口座振り込み：20ポイント毎に1,000円（年間上限6,000円）
②物品交換：表町商店街商品券（60ポイント毎に3,500円分相当）やファジアーノ岡山セット（チケット・応援グッズ）</td></tr>
<tr><td>岡山市が実施するサポーター養成講座の修了者</td><td>介護予防事業のサポート活動でポイントを付与。【具体例】介護予防教室等1回の活動で5ポイント。</td></tr>
<tr><td>横浜市</td><td>18歳以上の市民、市内在勤者</td><td>無料で歩数計を進呈。歩数に応じてポイントを付与。【具体例】2,000歩毎に1ポイント（1日最大5ポイント）</td><td>3か月毎に200ポイント以上達成した人に抽選で3,000円相当の商品券等、年間累計ポイントでも抽選で商品券や協賛商品等</td></tr>
<tr><td>白子町（千葉県）</td><td>40歳以上の町民</td><td>無料で歩数計を進呈。歩数や体重等の改善結果に応じてポイントを付与。
【具体例】体組成計の測定結果で3か月毎のBMI、または筋肉率が改善された、または基準範囲内→最大1,000ポイント/3か月</td><td>1ポイント1円でクオカードと交換、年間上限15,000ポイント</td></tr>
</table>

出所：筆者作成

また、一部の大手商業施設（イオン）では健康関連企業（タニタ）と組み、小型の簡易フィットネスジムを設け、健康管理プログラムを提供するサービスも始まっている。

このように市町村だけでなく、民間企業やNPO（Non Profit Organization）などのあらゆる知恵とノウハウを集結させて、確実に効果のあるプログラムを早急に開発することが求められる。そして、プログラムが開発された後は、介護予防に向けた環境整備を全国に確実に広げるために、かつてのゴールドプランのような、10ヵ年程度の期間で具体的な目標と計画を作成することが必要となる。

（2）介護市場の拡充

介護・施設サービス市場

団塊の世代が75歳以上を迎える2025年問題に向け、現在不足している介護サービス市場を拡充させることが喫緊の課題といえる。

介護サービス市場では、図5－6に示したように、居宅サービスおよび地域密着型サービスには参入規制がないので、営利法人の参入が進み、施設数が伸びている。訪問介護では、2000年には9,833ヵ所で、その経営主体は社会福祉法人43.2%、営利法人30.3%、医療法人10.4%であったが、2015年には3万4,823ヵ所で3.5倍となり、営利法人は64.8%へと2倍に拡大している。通所介護（デイサービス）では、2000年には8,037ヵ所で、その経営主体は社会福祉法人66%、地方公共団体22%で、営利法人は4.5%にすぎなかった。しかし、2015年には4万3,406ヵ所で5.4倍となっており、その半数以上の59.3%が営利法人となっている。

これに対して、施設サービスの規模は政策的な抑制等の影響もあり、需要の増加に比べ十分には増加していない。2000年と2015年の施設数を比較すると、

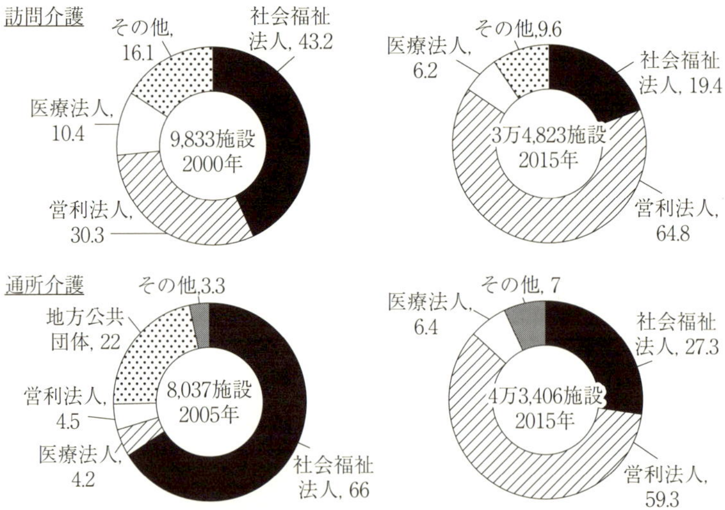

図5－6　介護サービス事業所数とその構成比の比較

出所：厚生労働省「介護サービス施設・事業所調査の概況」より作成

介護老人福祉施設では4,463ヵ所（定員29.9万人）と7,551ヵ所（51.8万人）、介護老人保健施設では2,667ヵ所（23.4万人）と4,189ヵ所（36.8万人）、介護療養型医療施設では3,862ヵ所（11.6万人）と、1,423ヵ所（6.3万人）であった。介護老人福祉施設と介護老人保健施設に入れずにいる待機者は、2009年の約42.1万人から2013年の約52.2万人へと、わずか4年間で約10万人も増加しているにもかかわらず(11)、この15年間で施設は約1.6倍しか増えていない。受け皿の一つであるサービス付き高齢者向け住宅（サ高住）の整備が、今後の重要課題である(12)。

介護労働市場

介護市場を拡充するうえで欠かせないのが、人材の確保である。介護分野は労働集約型産業であるにもかかわらず、常に労働不足という問題を抱えてきた。図5-7に示したように、介護職員数は、要介護者数の増加に伴って増えており、2000年度の54.9万人から2014年度の176.5万人へと約3.2倍に増加している。なお、2009年には、介護職員数の伸びが大きくなっているが、これは同年より介護職員処遇改善交付金を通じて、介護職員の給与が平均月約1.5万円引き上げられた影響である。

しかし、図5-8に示したように、介護分野の有効求人倍率は全職業のそれを常に上回っている。2016年の有効求人倍率は、全職業の1.22倍に対して、介護分野では3.03倍となっている。このように介護分野では、恒常的に人手不足に陥っているのが現実である。これが外国人労働力への依存需要の根拠となっている。

また、介護職員の就業形態をみると、施設の正規職員の割合は60.2%であ

(11)　厚生労働省「特別養護老人ホームの入所申込者の状況」より。

(12)　サービス付き高齢者向け住宅は、バリアフリー化、安否確認や生活相談サービスの提供など一定の要件を満たした、高齢単身者と高齢夫婦のみが入居できる、高齢者向け賃貸住宅である。定期巡回・随時対応サービスなどを組み合わせることで、介護施設に入居しなくても、住み慣れた地域で暮らしていくことができる。デンマークなどの北欧諸国では、日常生活が不自由になると自宅から高齢者向け住宅に移り住むのが一般的である。

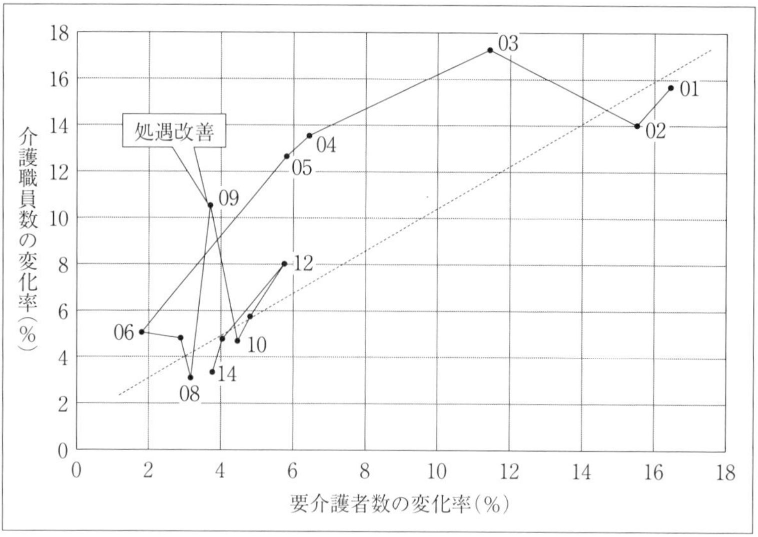

図5-7　介護職員数と要介護者数の変化率
出所：厚生労働省『介護サービス施設・事業所調査』より作成。

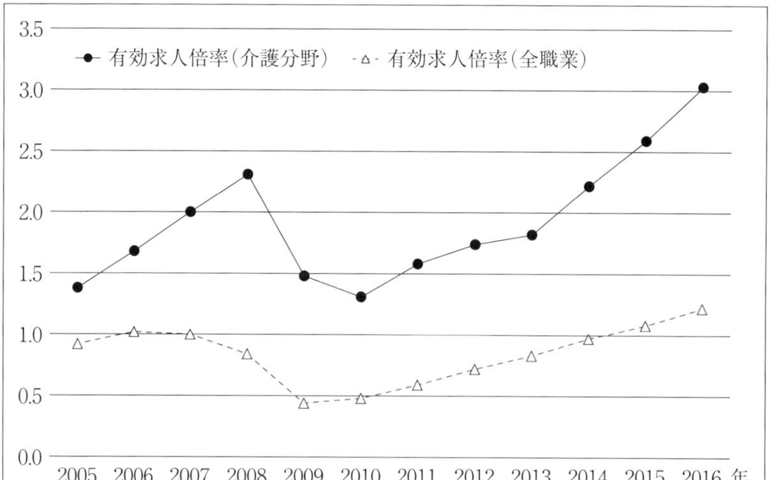

図5-8　介護分野における有効求人倍率の動向
出所：厚生労働省「職業安定業務統計」、総務省統計局『労働力調査』より作成。

るが、訪問系では20.3%と低く、その多くを非正規職員に依存せざるを得なくなっている。厚生労働省の「2025年に向けた介護人材にかかる需給推計について」に示されているように、2025年に37.7万人の介護人材の不足が見込まれる。

そこで、今後は外国人労働力の活用を本格的に進めていかなくてはならない。2008年度から始まったEPA（Economic Partnership Agreement：経済連携協定）にもとづく介護分野での人材受け入れ状況をみると、対象国はインドネシア、フィリピン、ベトナムの3か国であり、2015年度までに2,106人を受け入れたが、介護福祉士の資格取得者は355人に留まっている(13)。

政府は、海外からの人材を集めやすくするために、アジア諸国に優良事業所の情報提供をするための新組織を官民で作る予定である(14)。また、2017年度から、日本の介護福祉士の資格を取得した外国人に介護の在留資格を認めることとなった。さらに、技能実習制度の対象に介護分野も追加し、優良な実習先などでは実習期間を最長3年から5年に延長できるようになる。

(3) 保険財政の長期的安定化

介護費用の増加を抑制しても、マクロでみた介護費用の増加は避けることはできない。そこで、介護保険の財政を長期的に安定化させるために二つの方法が考えられる。一つは、収入増加策の検討である。他の方法としては、公的介護保険の守備範囲を見直すことである。

収入増加策としては、第1に介護保険料の引き上げが考えられる。しかしながら、現在の介護保険料はすでに負担の限界に達しており、これ以上の引き上げにはかなりの抵抗があると予想される。そこで、介護保険への加入年齢を20歳に引き下げ、保険料徴収の対象者数を増やすことを通じて、保険料収入を増加させる方法も考えられるものの、保険である以上、加入者が増えれば、

---

(13)　2016年1月時点において、受け入れた2,106人のうち1,533人が就労中、573人が帰国した。介護福祉士の資格取得者355人のうち、250人が就労中、105人が帰国した。

(14)　日本経済新聞社2017年1月7日朝刊「優良介護にアジア人材呼び込み　官民組織が情報提供」より。

給付も増える。したがって、この方法も抜本的な解決策とはいえない。

第２の方法は、自己負担率の引き上げである。もちろん現役並みの所得がある高齢者に対しては、医療保険と同様に、自己負担率を引き上げてもよいだろう。しかし、介護保険の給付対象者は、基本的には収入の低い高齢者であるから、自己負担率の引き上げが抜本的な保険財政の安定化策とはいえない。

こうして考えてくると、唯一残る方法は、公費負担の引き上げである。保険財政を安定化させるためのその引き上げ論は、年金保険や医療保険における公費負担増大論と同様なものであり、保険財政安定化策と評価できる。このタイプの議論でしばしば登場するのが、社会保障財源としての消費税率の引き上げである。その引き上げはさまざまな問題を引き起こすおそれがあるが、政策的には検討に値する方法である。この点の詳細については、第７章で詳述する。

もう一つの保険財政を安定化させる方法は、公的介護保険の守備範囲を見直すことである。日本の在宅介護の給付の認定の範囲や給付水準は、かなり広いことが指摘されている。例えば、ドイツの保険給付の対象は、日本の要介護度３以上であり、その水準も日本に比べると低い。そこで、日本でも軽度なものは保険給付の対象外とし、民間の介護市場を育てていってはどうだろうか。

掃除や調理などの生活援助サービスは、すでに要支援１・２では介護保険から切り離され、市町村の地域支援事業に移行されている(15)。要介護１・２の訪問介護を利用している人の約半数が生活援助を利用しており、ヘルパーを家政婦のように使っているとの指摘もある。この案は2018年度改正では見送られることになったが、今後も引き続き検討していくべきであろう。

介護保険の給付対象から外したとしても、NPO法人などを含む民間企業の参入を促し、生活援助サービス市場を育てていけば、各地域の事情に応じたきめ細やかなサービス提供も可能となると考える。東京都豊島区で国家戦略特区の制度を活用した混合介護が解禁される見通しである。これにより現在は介護

(15) 要支援１・２への生活援助サービスを含む訪問介護と通所介護は介護保険から切り離し、2015年度から2017年度にかけて市町村の事業に移行することになっていたが、全体の３分の１程度しか進んでいない。

保険の対象外となっている、利用者家族を含めた食事作りや洗濯、日用品以外の買い物の代行などのサービスを介護保険と組み合わせたかたちでのサービス提供が可能となり、民間企業の知恵と工夫が大いに発揮され、介護市場の充実および拡大に繋がることが期待される。こうした取り組みを全国へと広げていくことも検討すべき課題といえよう。

なお、費用負担に関しては、民間医療保険と同様に、民間介護保険への加入を推奨していくことも必要である。生命保険文化センターの「平成27年生命保険に関する全国実態調査」に示されるように、日本の民間介護保険の世帯加入率は、2000年の6.9％から2015年の15.3％へと、15年間で8.4％ポイント上昇しているが、まだまだ低いといえる。ドイツでは2013年に「バール介護」という制度が導入され、一定の条件を満たす民間介護保険商品に補助金（月５ユーロ）が支給されている(16)。この制度の導入後、契約件数は約35万件に達した。日本で民間保険に加入しない理由として「経済的な余裕がない」との声が多いことからも、日本でも、民間の介護保険が定着するまでの一定期間においては、介護保険料控除を拡充したり、あるいは民間保険への補助金の導入により保険料を加入しやすい水準へと誘導することを検討しても良いだろう。

(16)　１ユーロ＝120円とすると、月600円に相当する。また、この補助金は保険会社に対して直接支払われている。

第6章
貧困と不平等

社会保障とは、給付とそれに対する財源調達を通じた国家的な再分配システムである。給付において問題となるのは、給付の対象者とその方法である。これまでの各章で議論してきたように、年金制度、医療制度と介護制度では保険事故が発生した者に、社会保険方式の下で給付が行われている。これに対して、児童、高齢者や障がい者など社会的な援護が必要とされる者には社会福祉制度があり、措置方式の下で給付が行われている。

一般会計の社会福祉費は比較的安定的に推移しているのに比べて、近年、生活保護世帯などの増加により、貧困問題が注目されている。本章前半では、この問題を議論してみたい。

社会保障としての貧困問題を考える際には、その財源問題も検討する必要がある。日本では、社会保険に対しても公費負担が行われているので、ここにも財源問題が発生するが、現状では、消費税の増税分の目的税化が緩やかに実施されているだけで、基本は所得税の累進課税による財源調達が行われている。したがって、どのような所得分配のもとで、どの程度の累進課税を行うかが、財源調達面では最も重要な課題と考えられる。そこで、本章後半では、所得分配の実態、すなわち所得分布の不平等度の実態を踏まえた財源調達のあり方を議論してみたい。

6－1　貧困の実態

（1）現状

何を根拠に貧困というのかは難しい問題だが、現代の日本において数値として把握可能な貧困層は生活保護世帯である。生活保護を受けている世帯（以下、被保護世帯）の推移は、図6－1に示したように、1980年代から1990年代半ばにかけてはバブルによる好景気と保護の適正化[(1)]により減少傾向にあったが、1992年の58.5万世帯を底として、翌年から一貫して上昇傾向が続いている。2005年には100万世帯を、2012年には150万世帯を超え、2015年には162.1万世帯にまで増加している。また、生活保護を受給している者（以下、被保護人員）も、被保護世帯とほぼ同様の推移をしている。被保護人員は、1995年の88.2万人を底としてその後上昇し、2015年では216.4万人となっている。

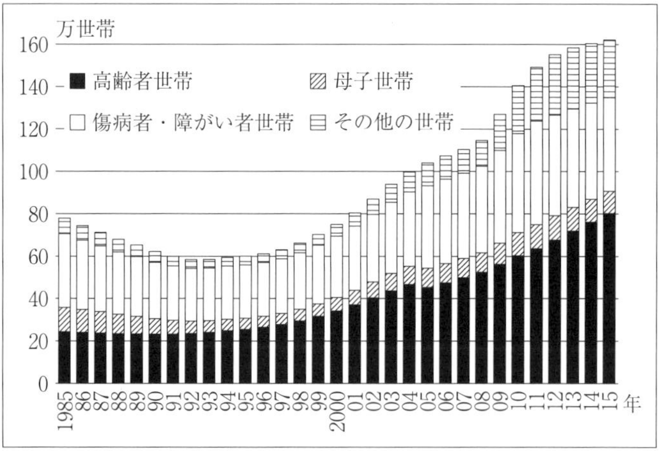

図6－1　世帯類型別にみた被保護世帯数の推移

出所：2011年までは厚生労働省『社会福祉行政業務報告（福祉行政報告例）』、
2012年以降は厚生労働省『被保護者調査』より作成。

（1）不正受給に対する批判が強まり、生活保護の適正化が強化され、水際作戦を含めた締め付けが強くなった。

図6－1より、被保護世帯を世帯類型別にみていこう。1985年には、傷病者・障がい者世帯が34.9万世帯（構成比44.8%）と一番多い。高齢者世帯は24.3万世帯で、全体の約3割（31.2%）であった。母子世帯は11.4万世帯（14.6%）、その他の世帯は7.3万世帯（9.3%）であった。これに対して2015年では、高齢者世帯は80.3万世帯であり、およそ半分（49.5%）を占めるまでに増加している。傷病者・障がい者世帯は44.2万世帯（27.3%）で、その他の世帯は27.2万世帯（16.8%）、母子世帯は10.4万世帯（6.4%）である。

ここで、特に大きな伸びを示しているのは、高齢者世帯とその他の世帯である。高齢者世帯は、1991年から一貫して上昇しており、2015年には1985年水準の約3.3倍となっている。1985年水準から2倍になるのにかかった期間は22年（1985～2007年）だったのに対し、3倍になるのにかかった期間は6年（2008～2014年）であり、近年その増加の傾向が強くなっていることが特徴である(2)。

その他の世帯は、1996年までは減少傾向にあったが、その後増加傾向に転じ、特に2000年代に入ってから著しく増加している。リーマン・ショック時の対前年増加率は、2009年で41.5%、2010年で32.2%という高い値を記録している。2015年では1985年水準の約3.7倍になっている。

傷病者・障がい者世帯も増加しているが、2011年をピークとして、その後減少している。母子世帯は2012年がピークで、その後わずかに減少している。

生活保護制度の給付費は、図6－2に示したように、1989年の1兆3,687億円から、2001年には2兆円を超え、2009年には3兆円を超え、2013年では3兆6,285億円になっている。2013年における給付費の内訳をみると、生活扶助費33.7%、住宅扶助費16%、医療扶助費47%、その他3.3%だった。医療扶助費が増加してきているが、2008年以降では給付費全体のなかでは5割を下回るようになってきている。

（2）　2005年に高齢者世帯が減少したのは、高齢者世帯の定義が、2004年度までは「男65歳以上、女60歳以上の者のみで構成されている世帯もしくは、これらに18歳未満の者が加わった世帯」であったのが、2005年度からは男女ともに65歳以上に変更されたためである。

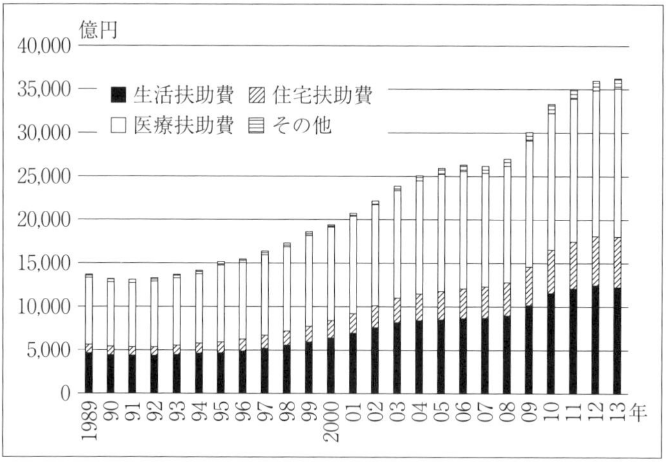

図6－2　扶助別にみた保護費の推移
出所：国立社会保障・人口問題研究所『社会保障統計年報』より作成。

（2）被保護世帯の増加要因

被保護世帯のうち、近年増加が著しい高齢者世帯（以下、被保護高齢者世帯）とその他の世帯について、その増加要因をみていこう。

高齢者世帯の増加要因

まず、被保護高齢者世帯の増加要因から考察してみよう。図6－3は、被保護高齢者世帯について、保護開始理由別にみた世帯数の構成比をまとめたものである。

被保護高齢者世帯の保護開始理由をみると、1990年代半ばまでは、最も大きな割合を占めていたのは「傷病」であり、全体の約50～60%であった。しかし、「傷病」の割合は、1990年代後半以降小さくなり始め、2000年代では約20%強となり、2010年代では約15%にまで縮小している。

それに代わり、大きな割合を占めるようになったのは、「働きによる収入の減少・喪失」と「貯蓄等の減少・喪失」である。「働きによる収入の減少・喪失」の割合は、アジア通貨危機のあった1990年代後半には20%を超え、2000年代前半には30%を占めるに至った。その後、25%前後にまで縮小したが、

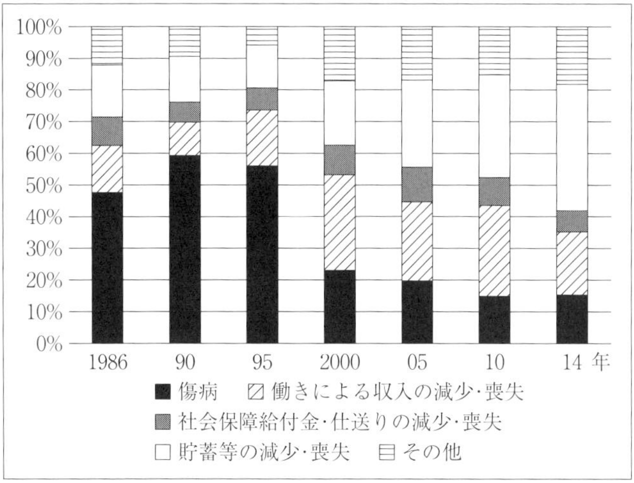

図6－3　保護開始理由別にみた被保護高齢者世帯の世帯数の構成比

出所：2010年までは国立社会保障・人口問題研究所「生活保護に関する公的統計」、2014年は厚生労働省「被保護者調査（月次調査）」より作成。

リーマン・ショックのあった2009年には再び30％を超えた。2010年以降は再び縮小し、2014年では19.9％となっている。

一方、「貯蓄等の減少・喪失」の割合も、1990年代後半以降大きくなっており、2000年には20％を超え、2010年には30％を超えた。そして、2014年では39.8％と約4割にまで拡大している。ただし、このように「貯蓄等の減少・喪失」の割合が拡大傾向にあるのには、貯蓄などの資産が基準額を下回らないと生活保護の認定が受けられないので、統計を取る上で、この項目が選択されやすいことも影響していると考えられる。つまり、保護開始理由として「貯蓄等の減少・喪失」が増えていたとしても、なぜ貯蓄が減少・喪失したのかを考えていくと、結局は病気やケガ、失業等により収入が減少したことがあると考えられる。

では、被保護高齢者世帯は高齢なため、働いて十分な収入を得ることができなかったのであろうか。この点を図6－4に示した高齢者の就業率でみていこう。65～69歳の就業率は、バブル期には男性では55.5％、女性でも29.3％と高かった。しかし、バブル崩壊による不況に伴い、その水準は2004年までは女性にはほとんど変化はみられないものの、男性では43.8%にまで低下した。このように、高齢者の雇用環境は景気に大きく影響を受けていることが分かる。

近年では、景気回復と少子化による人手不足を反映して、就業率は男性では53%、女性では33.3%まで改善してきている。しかし、65歳以上の高齢者の雇用形態は、図6－5に示したように、ほとんどが非正規雇用である。その比率は、1990年代の50%台から、2016年には75%にまで上昇している。その結果、就業できたとしても低収入とならざるを得ず、生活保護を受給するに至っていると考えられる。このように、被保護高齢者世帯が増加している背景には、不況による雇用環境の悪化と、非正規雇用による低収入という現状があると考えられる。

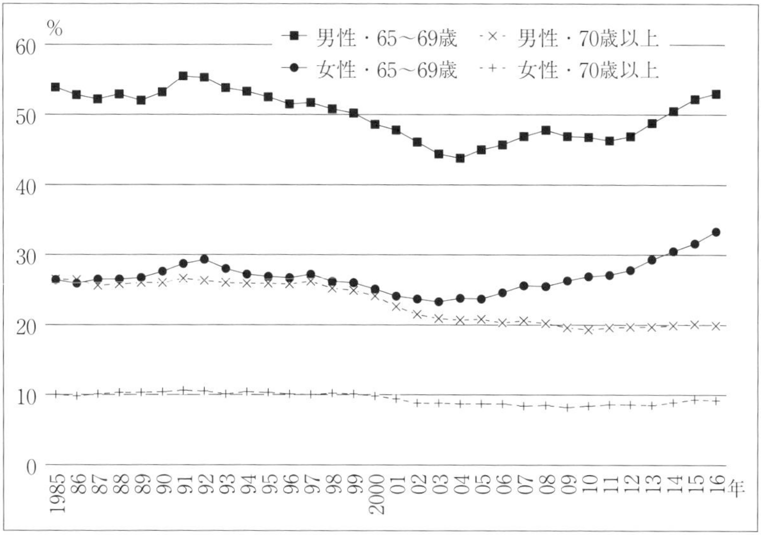

図 6 - 4　就業率の推移

出所：総務省『労働力調査』より作成。

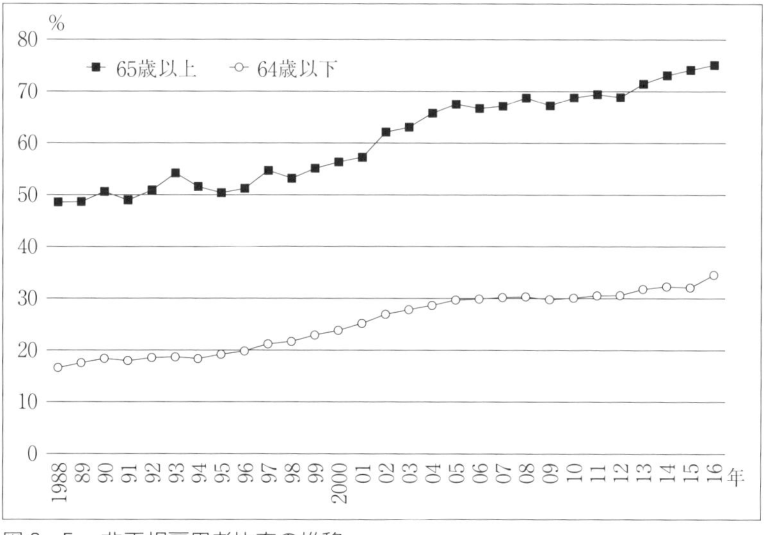

図 6 - 5　非正規雇用者比率の推移

出所：2001 年までは総務省『労働力調査特別調査』、2002 年以降は総務省『労働力調査』より作成。

その他の世帯の増加要因

次に、その他の世帯の増加要因を考察してみよう。その他の世帯とは、高齢でもなく、障がいや病気でもなく、母子家庭でもない世帯であり、具体的には働くことができる稼働世帯でありながら、世帯主が非労働力化したか、失業したか、あるいは収入が少ない世帯のことである(3)。

図6－6は、その他の世帯について、保護開始理由別にみた世帯数の構成比をまとめたものである。1990年代後半において、保護開始理由のなかで比較的大きいのは「働きによる収入の減少・喪失」である。2002年から2003年には40％近くにまで拡大した。その後は2000年代半ばにかけて30％程度にまで縮小したが、リーマン・ショックのあった2009年には45.7％にまで拡大している。その後は減少傾向にあるものの、2014年ではまだ29.8％となっている。

また、被保護高齢者世帯の場合と同様に、その他の世帯でも「貯蓄等の減少・喪失」は拡大傾向にある。2001年には20％を超え、2012年には30％を超え、2014年では36.8％となっている。

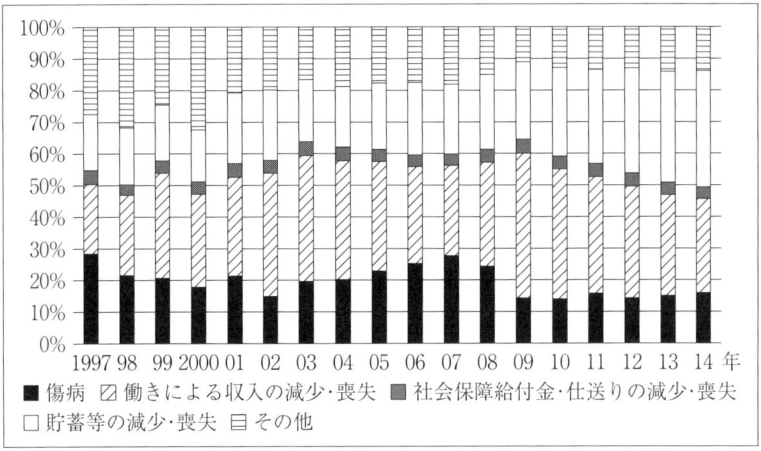

図6－6　保護開始理由別にみた「その他の世帯」の世帯数の構成比
出所：図6－3と同じ。

(3)　その他の世帯について、世帯主の年齢階級別にみた世帯数は、39歳以下10.2％、40～49歳20.4％、50～59歳30.9％、60～64歳27％、65歳以上11.3％であり、40歳以上が全体の約9割を占めている（2015年時点）。

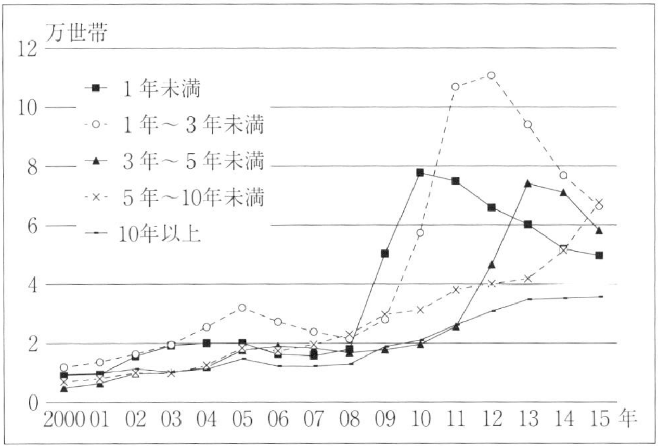

図6－7　受給期間別にみた「その他の世帯」の世帯数
出所：図6－3と同じ。

その他の世帯が増加している背景には、被保護高齢者世帯の場合と同様に、やはり雇用環境の悪化が大きく影響していると考えられる。

雇用環境はマクロ的にはある程度改善しているにもかかわらず、その他の世帯の世帯数が減少しないのは、失業期間の長期化あるいは非労働力化が関係していると予想される。この点を図6－7に示した、受給期間別にみた世帯数の年次推移でみていこう。リーマン・ショックの影響で失業者が増え始める2009年以降では、まず受給期間が「1年未満」の世帯数が増加し、次いで2010年から受給期間「1年～3年未満」の世帯が増加し、2012年から受給期間「3年～5年未満」が増加し、2014年から受給期間「5年～10年未満」が増加している。つまり、リーマン・ショックの不況時に失業した世帯が被保護世帯となり、その後も再就職できずに、継続して被保護世帯となっていることが表れている。これが、その他の世帯の増加の原因と考えられる。

(3) 被保護世帯の増加への対策

これまでの議論で、被保護高齢者世帯とその他の世帯が急増していることと、その主因はともに雇用環境の悪化にあったことが示された。ここでは、それらに対する対策を考えてみよう。

高齢者世帯への対策

被保護高齢者世帯は、本来、年金で生活できるはずであるが、「無年金」または「低年金」なため、生活保護世帯となっていることが考えられる。そこで、被保護高齢者世帯におけるそれらの実態からみていこう。

まず、「無年金」の実態からみていこう。表6－1は、65歳以上の被保護人員のなかの無年金者数と、その両者の比率である無年金率をまとめたものである。1998年の無年金者数は約14.7万人であり、無年金率でみると45.9%であった。無年金率は2012年の53.4%にかけて上昇傾向にあったが、2013年以降は逆に縮小傾向にあるものの、2015年ではまだ51%であり、無年金者数は約49.4万人となっている。

無年金となる理由としては、国民年金は自ら手続きをすることになっているにもかかわらず、60歳まで未加入のまま放置した場合が考えられる。

表6－1　65歳以上被保護人員のなかの無年金者数と無年金率

年	無年金者数（人）	無年金率（%）
1998	146,880	45.9
99	171,980	49.1
2000	185,570	49.8
01	209,400	50.9
02	232,870	51.8
03	259,400	52.8
04	278,390	52.8
05	294,060	52.9
06	312,990	53.2
12	444,464	53.4
13	464,800	52.7
14	482,707	52.2
15	493,791	51.0

注：2007～2011年は、データの制約により不明。
出所：1998～2006年は第8回社会保障審議会年金部会参考資料「生活保護制度との関係について」より引用。2012年以降は厚生労働省「被保護者調査」より作成。

次に、「低年金」の実態をみていこう。2015年の被保護高齢者世帯の1人当たり平均年金月額（老齢年金）は4万7,243円、このうち老齢基礎年金は3万6,940円である。また、遺族年金は5万0,013円である。このように被保護高齢者世帯の平均年金月額は遺族年金以外は5万円未満であり、言い換えると、月額5万円程の年金収入だけでは、生活保護世帯になる可能性が高いということである。

低年金となる理由としては、次の二つが挙げられる。一つ目は、国民年金保険料は所得にかかわらず定額であるため、保険料の免除制度があるが、免除期間の分だけ年金は減額されることである。二つ目は、保険料免除の手続きをしていなかったために、未納期間を作り出してしまった場合である。

このように無年金・低年金となる主な理由は、いわば自己責任によるものともいえる。したがって、生活保護制度の下で彼らを救済していくのが適切な政策といえるのかについては、議論の余地があるように思われる。つまり、制度への加入の促進、および保険料の納付が困難となった場合でも、保険料免除の手続きを徹底させるなど、国民として最低限度の義務を果たさせることが、年金制度の運営者である日本年金機構には求められる。

また、国民年金の遺族年金制度が低年金者を生み出してしまう問題も指摘しておく。現行制度の下では、夫が厚生年金に加入していたら、残された妻は本人分の基礎年金に加えて、遺族厚生年金を受給できる。しかし、夫が国民年金に加入していたら、残された妻は本人分の基礎年金しか受給できない。

現在の基礎年金は月額約6.5万円であるから、夫婦2人ならば、世帯としての年金収入は約13万円となり、持ち家ならば最低限度の生活をなんとか送ることができる。しかし、夫が亡くなった場合、残された妻の年金収入は突然、それまでの半額の約6.5万円に減ってしまう。現実には、保険料の免除制度などにより、基礎年金が満額支給されないこともある。したがって、被保護高齢者世帯の単身世帯のなかには、配偶者が死亡したために世帯としての年金収入が足りず、生活保護を受給せざるを得なかった人もいるのではないだろうか。こうした事情による生活保護世帯の増加を防ぐためにも、配偶者の死後、遺族基礎年金の支給を検討することも必要ではないだろうか。

その他の世帯への対策

次に、その他の世帯の増加に対する対策を考えてみよう。その他の世帯では、不就労世帯の割合が拡大しており、2015年では約7割が仕事をしていない。また、就労していたとしても、パートなどの雇用契約に期限の定めがある世帯が多い。2015年では、常用雇用のうち、約82%が期限に定めがある雇用契約の下で働いている。

こうした被保護世帯を削減していくためには、根本的には経済を強くし、雇用環境を改善させるしかないが、彼らの自立と自立後の生活を安定化させるための政策も効果的である。例えば、2011年10月より、雇用保険を受給できない求職者の職業訓練のスキルアップを目的とした、求職者支援制度が実施されている。この制度では、民間教育訓練機関が実施する就職に関する訓練を受講できるとともに、訓練期間中に職業訓練受講給付金として、月額10万円と通所・寄宿手当が支給される。2011年度から2016年度までに、累計で約34万人が受講し、約6割が訓練終了後3か月後には就職している。

また、2014年には生活保護法が改正され、自立後の生活を安定化させることを目的として、保護受給中の就労収入の一部を仮想的に積み立て、保護廃止に至った時には一定額（上限あり）が支給されるという制度（就労自立給付金の創設）も始まっている。

このように、これからの生活保護制度は、生活保護給付により貧困層の生活を支えるという、いわばセーフティーネット（safety net）の側面だけでなく、そこからの脱却を促すという、貧困そのものを解消するという側面をも、同時に強化していかなければならない。

6-2　貧困論議の展望

近年、貧困に対する関心は高まりつつあり、経済学、社会学、教育学、心理学、医学、疫学、栄養学などさまざまな分野からの研究が行われている。しかし、主観的に感じる貧困、客観的な指標にもとづいて計測される貧困もあり、何をもって定義するかは難しい問題である。ある人または世帯が貧困の状態にあると判断するには、何らかの基準が必要となる。その基準を貧困線（poverty line）と呼び、これを下回る個人または世帯は貧困層と呼ばれる。

その基準に対する考え方には、絶対的貧困（absolute poverty）と相対的貧困（relative poverty）という二つのアプローチがある。前者のアプローチでは、一定所得（消費）水準以下では生存することが難しい、または最低限度の生活を送ることができないという所得（消費）水準を貧困線とする[(4)]。

山崎（1998）は、絶対的貧困にもとづく貧困線の計測方法には、「ベーシック・ニーズ費用法」と「食料エネルギー摂取法」の二つのタイプがあると指摘している。ベーシック・ニーズ費用法は、最低限度の生活を送るのに必要な消費財・サービスの組み合わせ（バスケット）を求めたうえで、このバスケットを購入するのに必要な総消費支出額を貧困線とする、いわば積み上げ型の計測方法である。このとき最低限度の生活とは、成人１人当たりの１日に必要な食料エネルギー摂取量を考慮しながら設定される。

食料エネルギー摂取法とは、人々の食料エネルギー摂取量と総消費支出額との関係を表すパラメーターを回帰式によって求めたうえで、成人１人当たりの１日に必要な食料エネルギー摂取量を達成するのに必要な総消費支出額をこのパラメーターを用いて推計し、それを貧困線とする計測方法である。ベーシック・ニーズ費用法に比べて、個々の消費財・サービスの中身や価格というデータがなくても計測できるので、計測が簡便というメリットがある。

絶対的貧困にもとづいたこうした貧困線の計測には、どちらの手法を用いても多くのミクロデータが必要となることから、計測が難しいという問題点がある。そこで、近年では、後者の相対的貧困によるアプローチにもとづいた分析が行われている。

相対的貧困アプローチでは、例えば所得分布の中央値の50％というように、所得分布などに対する相対的な比較により、貧困線を決定する。EU や OECD では、世帯内の総可処分所得を世帯人員で調整して求められる等価可処分所得

（4）　最も有名な研究は、Rowntree（1901）による、イギリスのヨークで行われた貧民調査である。他に、Orchansky（1965）など。日本では高山（1980）の研究がある。

の中央値の60％（EU）、または50％（OECD）を貧困線としている[5]。

日本でも、このアプローチにしたがい、等価可処分所得の中央値の50％を貧困線と設定している。その結果、日本の相対的貧困率は、厚生労働省の『国民生活基礎調査』では16.1％（2012年、貧困線122万円）、総務省の『全国消費実態調査』では9.9％（2014年、貧困線132万円）と報告されている[6]。

また、近年、17歳以下の子ども全体に占める、貧困線（等価可処分所得の中央値の50％）に満たない子どもの割合を「子どもの貧困率」と定義し、その数値も報告されている。厚生労働省の『国民生活基礎調査』では16.3％（2012年）であり、これは17歳以下の子どもの6人に1人が貧困状態にあるとして、社会的に注目を集めた。また、総務省の『全国消費実態調査』では7.9％（2014年）となっている。

日本では2005年頃から、格差社会、ニート、ワーキングプアやネットカフェ難民などの言葉が流行し始め、2008年のリーマン・ショック時には、派遣労働者や年越し派遣村が注目を集めるようになった。そして、最近では子どもの貧困に対する関心が高まり、さまざまな分野からの取り組みが行われている。しかし、これらの議論の多くは相対的貧困の考え方にもとづいている。相対的貧困による議論のメリットは、計測が簡便であり、直感的に理解しやすいという点である。一方で、このアプローチによる議論には、次の問題点が指摘できる。一つ目は、相対的貧困の考え方によれば、常に貧困層がなくならないので、これでは貧困指標とはいえない。二つ目は、相対的貧困が計測しているのは貧困ではなく、不平等度あるいは格差であるという点である。三つ目は、相対的貧困により決定される貧困線は、社会状況に応じて変化することになるので、経済環境が良い場合には貧困線は上がりやすいが、逆に経済環境が悪い

（5） 等価可処分所得とは、世帯内の可処分所得を世帯人数の平方根で割ったものである。世帯人数による調整方法にも、世帯主、その他の大人、子どもの差を考慮するなど、さまざまな調整方法がある。

（6） 統計によって値に差があるのは、サンプルに含まれる世帯分布の特徴に違いがあるためと考えられる。総務省『全国消費実態調査』には相対的に40歳未満の世帯や単身世帯が多いのに対し、厚生労働省『国民生活基礎調査』には高齢者世帯が多く、必然的に低所得者層が多くなるため、貧困率が高くなる傾向にある。

場合には貧困線は下がる可能性があるという点である。

貧困の概念は時代とともに変わる。日本のように豊かな社会における貧困とは、他人との比較においてフラストレーションを感じやすく、生活に不自由が生じる可能性がある状態だといえる。その場合、貧困線は、その社会における平均的な生活水準と自らのそれとのかい離によって測られるべきという意見もある。しかし、これは貧困ではなく、不平等という概念である。貧困と不平等は全く異なる概念であるから、政策論としては、両者は区別して議論する必要がある。実際にEUの統計局であるEurostatでは、相対的貧困を下回ることは、低生活水準であることの必要条件でも十分条件のどちらでもないことから、相対的貧困ではなく、最近では潜在的貧困率（at-risk-of poverty rate）という言葉を利用している(7)。

6-3　不平等の実態

これまでに日本の貧困層である生活保護世帯の増加の多くは、マクロ経済政策の失敗によるものであることが示された。そして、近年問題とされている相対的貧困は不平等の問題であることが明らかとなった。そこで、ここでは所得分配の実態を所得分布の不平等度で捉えることにした。この点は、社会保障給付費の財源調達としての所得税の累進課税のあり方を考えていくためにも重要な問題である。

所得分布の不平等度については、さまざまな指標にもとづく計測と不平等化の要因に関する多くの分析が行われてきた。所得分布の不平等度を計測する尺度には、大きく分類すると二つのタイプがある。一つは、不平等度を統計的に記述するタイプであり、具体的には分散、対数分散やジニ係数などがある。他の一つは、単純な統計的記述ではなく、社会的厚生への価値判断の違いをも考慮に入れた所得分布の不平等度指標を導出し、それにもとづいて不平等度を計測するタイプである。具体的にはタイル尺度やアトキンソン尺度などがある。

（7）　山田篤裕（2014）p.28より引用。

吉田（2011）では、所得分布の不平等度をタイル尺度により計測し、さらにその不平等度の要因分析を試みた。以下では、吉田（2011）の分析手法に従い、2015年までのデータでの分析結果を示す(8)。

（1）全年齢層の不平等度

図6－8により、勤労者の全年齢層を含んだ世帯データによって計測された、所得分布の不平等度の推移をみていこう。不平等度は、1980年代前半には0.085前後で安定的に推移していたが、1980年代後半になると、バブル期に向けてやや不平等化し始め、0.09前後にまで上昇した。その後、バブル崩壊から1990年代後半までは多少上下しながらも、ほぼ0.09前後の水準で推移しており、この間不平等度に大きな変化はなかった。不平等度が再びやや拡大するのは、金融危機後の1990年代末である。不平等度は1999年に0.095を超え、2006年には過去最高の0.1に達するなど多少上下しながらも、概ね0.09台後半の水準で推移している。このように、日本の所得分布は、近年やや不平等化していることが分かる。

（8） タイル尺度の推計方法およびデータの出所については、吉田（2011）を参照されたい。タイル尺度を用いた理由は次の二つにある。一つ目は、社会的厚生との関連が明確であること。タイル尺度は功利主義的な厚生評価を持つ指標である。二つ目は、タイル尺度を用いれば、各グループ内においてどれだけの不平等が生じているのか、各グループ間でどれだけの不平等が生じているのかを区別できることである。

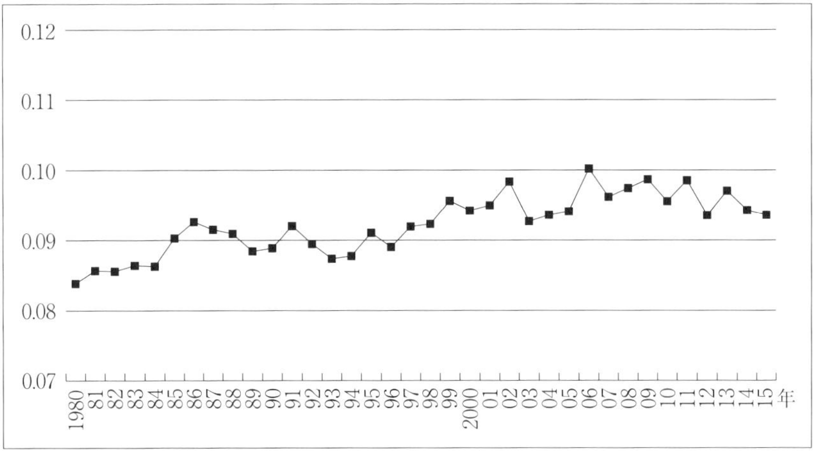

図6－8　所得分布の不平等度の計測結果

次に、こうした不平等化を生み出してきた要因を三つのグループ内格差要因（若年層：39歳以下、壮年層：40～64歳、高齢層：65歳以上）とグループ間格差要因に分解した。その結果をまとめたものが、表6－2である。その結果、グループ間格差要因の全体の不平等度に対する貢献度はあまりみられなかった。また、グループ内格差要因のうち、全体の不平等化傾向に強く貢献しているのは壮年層であった。

さらに、それぞれのグループ内格差要因を全所得に占めるそれぞれのグループの所得シェアとそれぞれのグループ内の不平等度に分解した結果が、表6－2に示されている。それぞれのグループごとに、貢献度の変化率と不平等度の変化率との相関係数を1980年から2015年の期間で計測した。その結果、相関係数は、若年層では0.94、壮年層では0.93、高齢層では0.7であった。このように、それぞれのグループにおける貢献度と不平等度の間には強い相関がみられることが分かった。つまり、全体の不平等の推移が各年齢層の不平等度の変化とかなり強い関係を持つということである。そこで、次に、各世代別で年齢とともに不平等度がどのように変化してきたかを分析することにしよう。

表6－2　グループ内格差とグループ間格差の計測結果

年	不平等度	グループ内格差									グループ間格差	
		若年層：39歳以下			壮年層：40-64歳			高齢層：65歳以上				
		貢献度			貢献度			貢献度			貢献度	
	①	②×③÷①	所得シェア②	不平等度③	④×⑤÷①	所得シェア④	不平等度⑤	⑥×⑦÷①	所得シェア⑥	不平等度⑦	⑧÷①	不平等度⑧
1980	0.084	27.6	0.391	0.059	51.6	0.590	0.073	2.7	0.019	0.118	18.1	0.015
85	0.090	23.3	0.331	0.064	56.9	0.653	0.079	2.0	0.016	0.115	17.8	0.016
90	0.089	19.1	0.269	0.063	61.1	0.709	0.077	2.3	0.021	0.095	17.5	0.016
95	0.091	18.3	0.246	0.068	63.1	0.728	0.079	3.0	0.027	0.104	15.5	0.014
2000	0.094	18.0	0.250	0.068	62.9	0.721	0.082	3.4	0.030	0.110	15.7	0.015
05	0.094	17.4	0.232	0.070	65.2	0.729	0.084	4.4	0.039	0.106	13.1	0.012
10	0.096	17.0	0.219	0.074	65.8	0.741	0.085	3.9	0.040	0.094	13.4	0.013
11	0.099	15.4	0.224	0.068	66.6	0.737	0.089	4.4	0.040	0.110	13.5	0.013
12	0.094	14.4	0.205	0.066	66.8	0.748	0.083	4.8	0.046	0.097	14.0	0.013
13	0.097	15.1	0.196	0.074	68.3	0.755	0.088	5.2	0.049	0.102	11.5	0.011
14	0.094	15.0	0.200	0.071	67.9	0.745	0.086	6.2	0.055	0.107	11.0	0.010
15	0.094	15.0	0.190	0.074	68.4	0.744	0.086	7.1	0.065	0.102	9.5	0.009

（2）年齢層別・世代別の不平等度

不平等度の議論においては、年功序列型の賃金体系が残存している日本の場合に、すべての勤労世代の年齢層を含むデータを用いたのでは、制度的に存在している不平等をも問題とすることになってしまう。また、年金世代を含めた分析では、高齢化要因での不平等化が全体の傾向を支配してしまう可能性がある。よって、より厳密な議論を展開していくために、同一年齢層あるいは同一世代の不平等度がどのように推移してきたかを分析する必要がある。また、不平等度の推移を議論する場合でも、その推移が世代間でどのように異なっているか否かを検討する必要がある。

年齢層別の不平等度

まず、各年齢層内での不平等度の変化を詳しくみていこう。各時点での若年層・壮年層・高齢層別の不平等度の計測結果を描いたものが図6－9である。

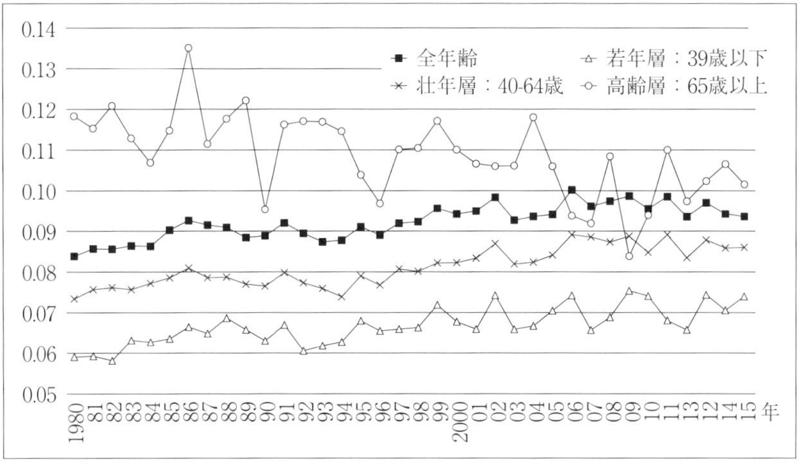

図6－9　年齢層別にみた不平等度の計測結果

壮年層（40～64歳）の不平等度は、1980年の0.073から1986年には0.081に上昇、その後およそ5年周期で低下と上昇を繰り返していたが、1997年以降には0.08を一度も下回っていない。2000年代に入ると、2002年に0.087にまで上昇したが、2003～2005年にかけて0.082～0.084に低下し、2006～2009年には再び0.088～0.089の水準に上昇した。その後、2010年と2012年に一時的に低下するものの、2015年では0.086という水準となっている。

このように壮年層の不平等度が傾向的にやや悪化しているのには、成果主義の導入や不況によるリストラなどの影響を強く受けている40歳代後半や50歳代の層で不平等度がやや拡大していることが関係していると考えられる。

一方、若年層（39歳以下）の不平等度は、2015年で0.074である。1980年には0.059であったが、その後傾向的には緩やかに不平等化し続け、1999年に初めて0.07のレベルを超え、その後に0.066に低下することもあるが、やはりやや不平等化傾向を持っているといわざるを得ない。この背景には、長期不況の過程での就業先の倒産や非正規雇用就業の拡大などがあるといえよう。

高齢層（65歳以上）の不平等度は、2015年で0.102である。1980年には0.118であったが、その後は他の年齢層とは異なり、比較的大きな変動を示しつつも、傾向的には緩やかに平等化し続け、2006年以降は0.1を概ね下回っている。このような高齢層での緩やかな平等化傾向の背景には、長期不況の過程での倒産による失業や高齢層の継続就業が困難になってきていることなどによる非労働力化があると考えられる。高齢層にはこのような平等化傾向があるが、全体の不平等に対する貢献度は、それほど大きくない。

世代別のライフサイクルでみた不平等度

ここでは、世代別のライフサイクルでみた所得分布の不平等度を考察してみよう。5歳刻みの年齢階級ごとに不平等度を計測し、年齢をそろえて、1945年生まれから1985年生まれまでの10年ごとの各世代の所得分布の不平等度の推移を描いたものが、図6-10である。

まず、1945年生まれ世代（2015年時点で70歳）からみていこう。1945年生まれ世代では、35〜39歳の0.057から60〜64歳の0.11へと、年齢とともに不平等度は拡大していく。不平等度の拡大の幅が大きくなるのは50代以降であり、不平等度は50〜54歳から55〜59歳にかけて0.016、55〜59歳から60〜64歳にかけて0.017それぞれ上昇している。65〜69歳になると0.098へと逆に縮小し、70歳以上では再び0.105に拡大している。これは、65〜69歳で働いている人の多くは退職後に再就職した人たちであり、現役時ほど賃金格

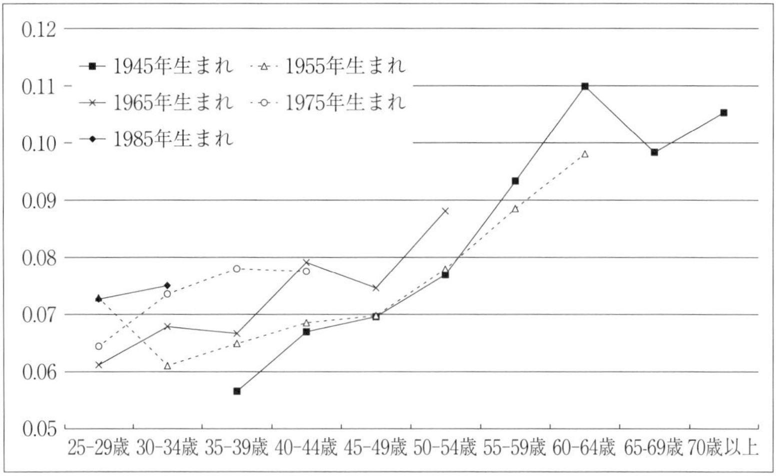

図6-10　世代別のライフサイクルでみた不平等度の計測結果

差が生じていないためである。また70歳以上で働いているのは会社の幹部クラスか非正規雇用の人たちであるため、不平等度が拡大していると考えられる。

1955年生まれ世代（2015年時点で60歳）では、25～29歳の0.073から30～34歳の0.061へと、若年時の不平等度は0.012減少しているが、その後は30～34歳の0.061から60～64歳の0.098へと不平等度は一貫して拡大している。また、50～54歳から55～59歳にかけての不平等度の上昇幅は0.011であり、他の年齢に比べて大きい。

1965年生まれ世代（2015年時点で50歳）では、不平等度は、25～29歳の0.061から40～44歳の0.079へと年齢とともに拡大しているが、45～49歳では0.075へと逆に縮小し、50～54歳では0.088と再び拡大している。また、35～39歳から40～44歳にかけての不平等度の上昇幅が0.012と比較的大きい。

1975年生まれ世代（2015年時点で40歳）でも25～29歳の0.064から40～44歳の0.078へと、1985年生まれ世代（2015年時点で30歳）でも25～29歳の0.073から30～34歳の0.075へと、それぞれ年齢とともに不平等度は拡大している。

これらの結果から、次の3点を指摘することができる。一つ目は、1945年、1955年生まれの各世代では、それぞれが生きてきた時代が異なるにもかかわらず、ライフサイクルでみた不平等度の水準と推移にほとんど差がみられない点である。

二つ目は、1945年、1955年生まれ世代に加えて、1965年生まれ世代でも、不平等度が年齢とともに上昇していくという推移は同様となっている点である。日本の賃金構造が持っている特性が、このような不平等の拡大傾向を生み出していると考えられる。

三つ目は、40～44歳未満の部分では、1965年、1975年、1985年生まれ世代という若い世代ほど、不平等度の水準が、それまでの世代に比べてやや高くなっている点である。若い世代ほどライフサイクルでみた所得分布の不平等度が悪化している傾向がみられるが、今後の動向には注意が必要である。

6-4　今後の改革

ここでは、前半では、生活保護のデータでみた貧困の実態を振り返りながら、現在の日本の社会のなかで貧困が発生している根本的な原因とその解決に向けた政策を考察する。後半では、所得分布の不平等度の計測結果と所得税制の変遷を眺めながら、累進課税制度の変遷に一定の評価を与えたうえで、今後の社会保障給付費の財源調達のあり方について論評したい。

生活保護世帯は、被保護世帯では1993年から、被保護人員では1996年から一貫して増加傾向にある。特に、65歳以上の高齢層と、40～64歳の壮年層において、被保護世帯が増加している。高齢層で被保護世帯が増加しているのは、マクロ経済の低迷のなかで、高齢層の働く機会が奪われているためである。また、壮年層で被保護世帯が増加しているのも、やはり長引く不況とそれに伴う長期失業によるところが大きい。その結果、壮年層では、緩やかながらも所得分布の不平等度は拡大している。

したがって、1990年代半ば以降の異常な被保護世帯の増加の根本的な原因は、政府によるマクロ経済政策の失敗にあるといえよう。言い換えれば、日本の社会システムのなかに貧困を引き起こす根本的な要因は見当たらず、貧困問題を解決する唯一の方法は、雇用環境を改善することである。

経済が悪化すると、セーフティーネットの充実が叫ばれる。もちろんセーフティーネットを充実させることは大切ではあるが、不況により税収が減少するなかで、セーフティーネットという経済コストを払っていかなければならない。こうした点からも、改めて、政府が行うマクロ経済政策の重要性を指摘しておく。

また、近年問題となっている相対的貧困による議論は不平等の問題である。そこで、本章では所得分布の不平等度の計測を行った。その結果では、年齢層別にみると、若年層と壮年層では、1990年代末から近年にかけて不平等化が進んでいるが、その水準はそれほど大きなものとはいえない。また、世代別のライフサイクルでみた不平等度の推移を比較したところ、世代間で大きな格差はみられなかった。また、年齢とともに不平等度が拡大していくという傾向は同様であった。

こうした所得分布の不平等度の実態に対する、所得税制の累進度の変遷を図6-11によりみていこう。1980年代後半から1990年代前半までは、不平等度が安定化するなかで税率区分は15段階から5段階へと減り、所得税と住民税率を合わせた最高税率は88%から65%にまで引き下げられており、所得税制の累進度は大幅に緩和されていた。

しかし、1990年代後半から2000年代前半にかけてはやや不平等化が進んでいたにもかかわらず、所得税の累進度はさらに緩和された。1999年には、税率区分は5段階から4段階へと減り、所得税と住民税を合わせた最高税率は65%から50%へと引き下げられた。なお、2007年には税率区分が4段階から6段階へと増えているが、むしろ低所得者層を対象としたものであった。このように、1990年代後半から2000年代前半にかけての所得税制の改正は、再分配という意味では、所得分布の不平等化傾向に対しては逆方向の制度改正を実施してきたといわざるを得ない。

その後2010年代前半には不平等度はやや改善し始めていたが、2015年には

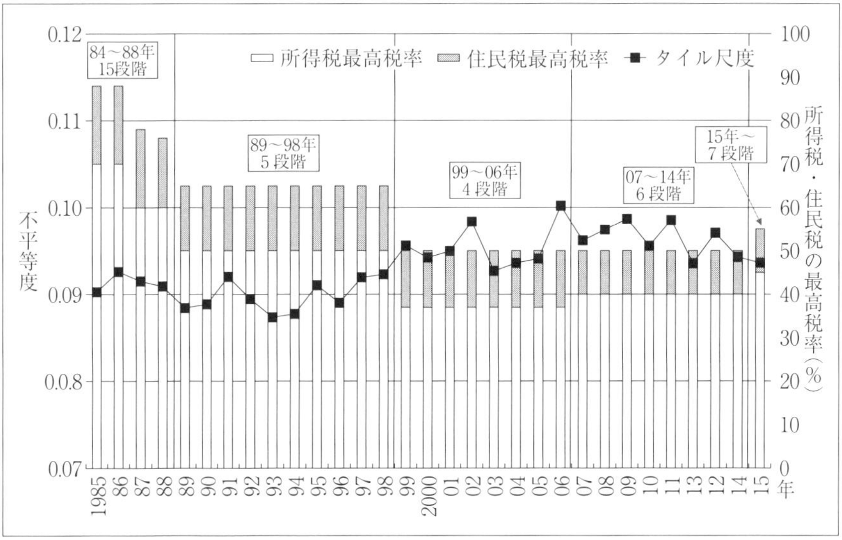

図6-11　不平等度と所得税制度の変遷

出所：財務省資料をもとに筆者作成。

この傾向とはまた逆に所得税の累進度は強められてしまった。その内容は税率区分を７段階にし（課税所得 4,000 万円以上への適用税率を 45％にした）、所得税と住民税を合わせた最高税率を 50％から 55％へと引き上げるというものであった。

詳細な考察の結果としては、近年では、所得分配の不平等化に累進度強化がうまくかみ合っていない傾向がみられるが、現行の所得分布の不平等度に対する所得税の累進度は概ね妥当であり、これ以上累進度を強める制度改正が必要とは考えられない。

したがって、社会保障財源を所得税に求めるのであれば、累進度は変えずに、負担水準そのものを引き上げることが考えられる。しかし、所得税は勤労者の勤労意欲を引き下げるとともに、その負担を勤労世代に押し付けることになる。

現在問題となっている社会保障給付費の増大は、急速な高齢化のスピードに、制度そのものが対応できていないために生じているといえる。したがって、その負担は高齢者を含む、幅広い層から調達することが望ましい。こうした考え方の下では、所得税よりも幅広い年齢層に負担を求めることができる、消費税も財源調達手段として有効であると考えられる。

第7章
社会保障と財源

社会保障制度改革については、その給付の削減を中心とした「社会保障の効率化」アプローチと、必要な財源を調達する「財源調達の効率化」アプローチがある。前者についての議論は、本書のこれまでの各章で展開してきた。そこで、本章では後者のアプローチに従い、財源調達のあり方を議論する。

7-1　改革の必要性と考え方

20世紀の後半は社会保障制度拡充の時代であった。1950年代には生活保護が中心であったものの、1961年度には国民皆保険体制が整備され、すべての国民に医療サービスと年金給付が保障された。その後高度成長を経て、福祉元年と呼ばれる1973年度には年金制度に物価スライド制が導入され、給付水準も拡充された。2000年度には、介護保険が医療保険とは別に導入された。さらに、2010年度には児童手当の拡充が実施され、21世紀になっても社会保障制度はますます充実されようとしている。

1980年代の社会保障給付費の対GDP比は、図7-1に示したように、GDPが順調に拡大していたために10〜11%台で推移していたが、バブル崩壊後の1990年代になると、社会保障給付費の伸びがGDPのそれを超えるようになり、社会保障給付費の対GDP比は一貫して上昇し続け、2000年度には15%を、2009年度には20%を超えた。その後、リーマン・ショックによる経済の低迷により、社会保障給付費の対GDP比は2014年度では22.9%にも達している。

このような1990年度以降の増加には、社会保障制度のなかでも高齢者を対

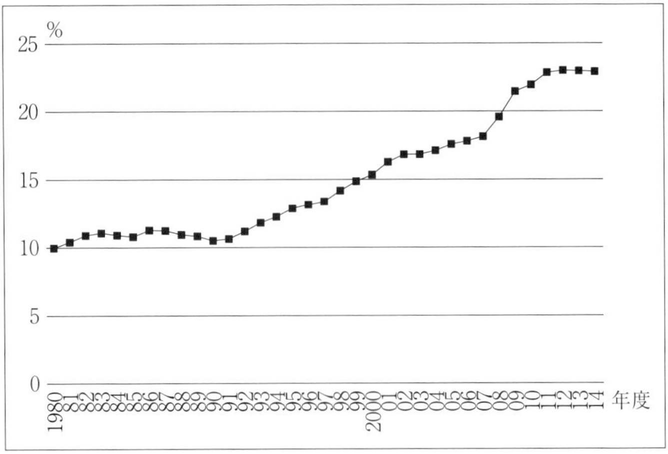

図７－１　社会保障給付費の対 GDP 比の推移

出所：国立社会保障・人口問題研究所『社会保障費用統計』、内閣府『国民経済計算年報』より作成。

象とする高齢者関係給付費の財政規模の拡大が大きく関係している[1]。社会保障給付費に占める高齢者関係給付費の割合は、図７－２から明らかなように、1984 年度に 50％を超え、ピーク時の 2004 年度には 70.2％となり、その後給付の削減が図られたものの、2013 年度では 68.4％を占めるにいたっている。

今後わが国の高齢化は急速に進行すると思われる。国立社会保障・人口問題研究所の『日本の将来推計人口（2012 年推計）』に示される 2015 年の高齢化率（65 歳以上人口の割合）は 26.7％であるが、2035 年には 33.4％（国民の約３人に１人が 65 歳以上）、2060 年には 39.9％で、国民の約 2.5 人に１人が 65 歳以上という社会の到来が予測されている。もし１人当たりの高齢者関係給付費を抑制することができなければ、こうした高齢化により、高齢者関係事業の総事業費は著しく拡大するので、これに伴い社会保障給付費も大幅に増加することになる。2014 年度の社会保障給付費は約 112.1 兆円であるが、厚生労働省の「社会保障に係る費用の将来推計について（2012 年推計）」では、改革後

（１）　高齢者関係給付費とは、年金保険給付費、高齢者医療給付費、老人福祉サービス給付費、高年齢雇用継続給付費を合わせたものである。

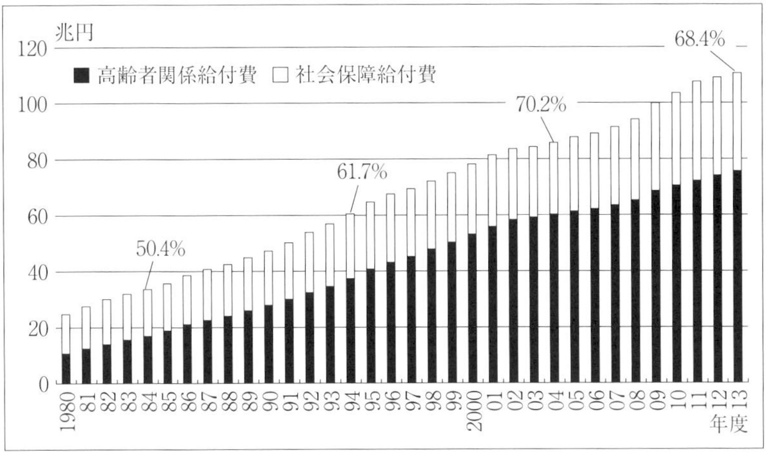

図７-２　社会保障給付費に占める高齢者関係給付費の推移
出所：内閣府『平成28年高齢社会白書』より作成。

の2025年度では約148.9兆に達するとされている。

このような高齢者関係給付費の急増は、その財源である税・社会保険料の引き上げを通じて、次の二つの側面から経済に悪影響を与えることになる。一つは、税・社会保険料の引き上げが可処分所得を減少させ、家計消費を抑制する可能性があるので、経済成長に対して悪影響を与えるおそれがあるという側面である。同様に、企業の税・社会保険料の引き上げも労働コストなどを引き上げて企業所得を減少させ、投資を抑制させる可能性があるので、経済成長に対して悪影響を与えると考えられる。他の一つは、税・社会保険料の引き上げが現役世代の負担を退職者世代に比べて相対的に重くし、彼らの労働・消費・貯蓄に悪影響を与える可能性があるという側面である。したがって、これらの悪影響を回避するためにも、抜本的な社会保障制度改革を早急に実施する必要がある。

社会保障制度改革には次の二つのアプローチがある。第１のアプローチは「社会保障の効率化」であり、これは肥大化した社会保障の水準を削減するというものである。このアプローチにもとづいて現在年金給付水準の引き下げ、自己負担率の引き上げや診療報酬の包括化による医療費の削減および適正化などが検討され、一部はすでに実施されている。第2のアプローチは「財源調達の効率化」であり、これは社会保障の水準をある程度維持しながらも、より効率的にその財源を調達することにより、社会全体の損失を小さくするというものである。本章では「財源調達の効率化」に注目し、財源調達のあり方を議論する。そのため次節では社会保障の給付と負担の将来予測の結果を示し、その後、社会保障給付費の増大に伴う税・社会保険料の引き上げが、家計と企業にどのような影響を及ぼすのかを考察する。それを踏まえて、今後の社会保障給付費の増加分を賄っていく方法として、消費税の引き上げの可能性を検討し、最後に、本章のまとめと今後の課題について触れることにする。

7-2　給付と負担の将来予測

高齢化による高齢者関係給付費の増加に伴い、それを賄う税・社会保険料は引き上げざるを得なくなる。ここでは社会保障給付費とそれを賄うためにどの程度の負担が必要となるかの将来予測の結果をまとめておく。

まず、今後の急速な高齢化に伴い社会保障給付費がどれだけ増加するのかをみていこう。表7-1には、厚生労働省が2012年度に行った「社会保障に係る費用の将来推計について」の結果（改革後）が示されている(2)。2014年度における社会保障給付費は約112.1兆円であるが、2025年度には約148.9兆円に達するとされている。つまり、社会保障給付費は2014年度から2025年度の11年間で実に1.3倍に拡大するのである。これを分野別にみると、2025年度に財政規模が一番大きくなるのは年金であり、その規模は約60.4兆円と予測されている。また、最も伸び率が大きいのは介護であり、その規模は2014年

(2)　この推計では次のような仮定がおかれている。人口推計は『日本の将来推計人口(2012年推計)』の出生中位（死亡中位）推計。名目経済成長率は2017年度1.6%、2018年度1.7%、2019年度以降1.8%が仮定されている。物価上昇率は、2017年度以降1.1～1.2%で仮定されている。賃金上昇率は、2017～2019年度では2.6～2.8%、2020年度以降は2.2～2.4%の間で、各年度で変動している。詳細については、「社会保障に係る費用の将来推計について（2012年推計）」を参照のこと。

表7-1　社会保障の給付と負担の見通し

	2014年度 （A）	2025年度 （B）	 （B）／（A）
	兆円	兆円	
社会保障給付費	112.1	148.9	1.3
年金	54.3	60.4	1.1
医療	36.3	54.0	1.5
介護	9.2	19.8	2.2
その他	12.2	14.6	
社会保障にかかる負担	108.4	146.2	1.3
社会保険料	64.6	85.7	1.3
年金（再掲）	34.9	44.1	1.3
公費	43.8	60.5	1.4
年金（再掲）	12.1	13.7	1.1

注：2014年度の値は実績値。2025年度の値は、厚生労働省の「社会保障に係る費用の将来推計について（2012年推計）」による。

度からの約2.2倍に増大する。

次に、このような社会保障給付費の増加により税・社会保険料がどれだけ引き上げられるのかをみていこう。社会保障給付にかかる負担額を表7-1によりみると、2014年度の社会保障給付にかかる社会保険料と公費はそれぞれ64.6兆円と43.8兆円であるが、もし公費負担率が変わらなければ、2025年度にはそれぞれ85.7兆円と60.5兆円に増大する。これに伴い各社会保険料も大幅に引き上げられることになる。2004年の年金改正により、2017年には厚生年金の保険料率と国民年金の保険料月額はそれぞれ18.3%と16,900円へと引き上げられる。また介護保険の保険料月額は第6期（2015～2017年度）では5,514円であるが、2025年度には8,165円になると予測されている。

このように現在の社会保障の水準をある程度維持していくならば、その財政規模はやはり増加する。それに伴い税・社会保険料も引き上げざるを得なくなる。ただし、年金については給付をかなり抑制したので、その増加は小さいものの、医療と介護については今後の高齢化に伴い、それらの給付はかなり増加することが予測される。これらを考慮すると税・社会保険料の一層の引き上げは避けられず、家計と企業に負担を強いることになる。そこで次節では、こうした税・社会保険料の引き上げが家計と企業にどれだけの負担を求めることになるのかを示すことにする。

7－3　家計への影響

ここではまず家計に焦点をあて、家計の税・社会保険料の負担状況を眺めるとともに、その問題点を整理する。

家計はこれまでにどれだけの税・社会保険料を負担してきたのか、また今後どれだけの負担を強いられるのであろうか。図7－3で、ミクロ的にみた家計の公的負担率の推移とその将来予測値をみていこう(3)。1980年代の社会保険料負担率は6％台程度であったが、90年代後半には8％を、2000年代初めには9％を超え、2015年では10.7％となっている。2015年の勤労所得税負担率は3.1％であるから、すでに家計にとっての社会保険料負担は勤労所得税の約3.5倍になっているのである。そして、2015年の公的負担率は13.8％にも達している。

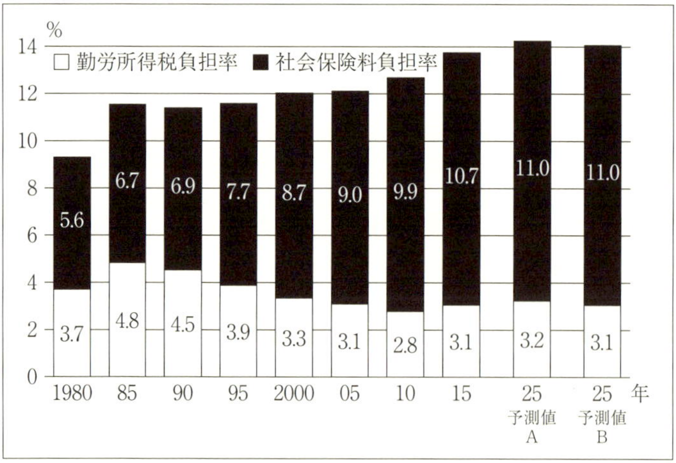

図7－3　家計の公的負担率の推移と将来予測

出所：総務省『家計調査年報』より作成。

（3）　ミクロ的に見た家計の公的負担率＝（勤労所得税＋社会保険料）／実収入×100

一方、厚生労働省の将来予測にもとづいて求めた2025年の社会保険料負担率は約11％である。そして、もし将来の社会保障給付費の公費負担の増加分を勤労所得税で賄うとするならば、勤労所得税負担率は3.2％（予測値Ａ）となり、これに社会保険料負担率を加えた家計の公的負担率は14.2％（予測値Ａ）となる。ただし、これは極端なケースと思われるので、仮に勤労所得税負担率が2015年の水準で変わらない場合の予測も行った。その場合でも2025年の家計の公的負担率は14.1％（予測値Ｂ）となり、やはり負担増を余儀なくされるのである。

次に、家計の税・社会保険料負担の状況を現役世代と退職者世代に分けてみていこう。一般に、社会保険料は現役世代の負担を相対的に重くすると思われる。そこで、現役世代（59歳以下）と退職者世代（60歳以上）の社会保険料負担率を図７－４でみると、その格差は1995年には3.0％ポイント（＝現役世代7.9％－退職者世代4.9％）、2005年には2.1％ポイント（＝現役世代9.1％－退職者世代7.0％）、2015年には1.7％ポイント（＝現役世代10.7％－退職者世代9.0％）存在している。このように社会保険料は確かに現役世代の負担を相対的に重くさせている。ただし、介護保険料など高齢者自身の社会保険料負担も増えた影響により、その程度は徐々に小さくなりつつある。

これらの考察により次の２点が明らかとなった。一つは、社会保障給付費の増大に伴い、家計の税・社会保険料の負担は重くなる。他の一つは、社会保険料の上昇は現役世代の税・社会保険料の負担を相対的に重くする。このことは次の二つのメカニズムを通じて経済に悪影響を与えることになる。第１に、家計の税・社会保険料の負担増は可処分所得の低下を通じて家計消費を減少させ、経済成長を抑制するおそれがある。第２に、現役世代への過度な税・社会保険料の負担増は、彼らの労働などへのインセンティブを阻害し、やはり経済に悪影響を与える可能性がある。

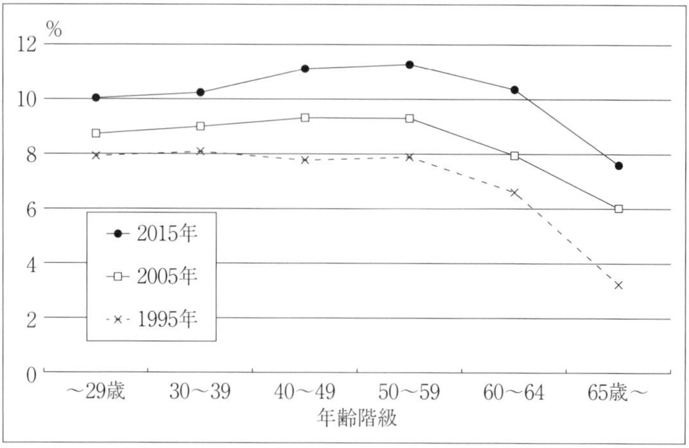

図7－4　年齢階級別にみた社会保険料負担率の推移
出所：図7－3と同じ。

7－4　企業への影響

次に、企業の税・社会保険料負担の状況を眺めるとともに、その問題点を整理する。わが国では、企業が厚生年金や健康保険などの社会保険料を原則として被用者と折半して負担している。ここでは、なかでも最も規模の大きい厚生年金制度を取り上げることにする。

企業の公的負担率の推移を図7－5でみると、1980年代から1990年代前半まではおよそ60％台半ばから70％強の間で推移していたが、1990年代半ば頃から増加し始めて80％台後半にまで至った[4]。その後、法人税率の引き下げの影響もあり、企業の公的負担率は2000年代半ばにかけて低下したが、リー

（4）　企業の公的負担率は次式のように求められる。

$$公的負担率 = t + \frac{\tau W}{X} - t\frac{\tau W}{X}$$

ここで、t は税額加算と税額控除を考慮した実効税率（地方税分を含む）、τ は企業の年金保険料率、W は労働費用、X は年金負担控除前の企業所得である。第1項は税負担率を、第2項は年金負担による企業所得の減少額を、第3項は年金負担による税の軽減額を表している。詳細については、跡田・赤木・佐藤（2000）を参照のこと。

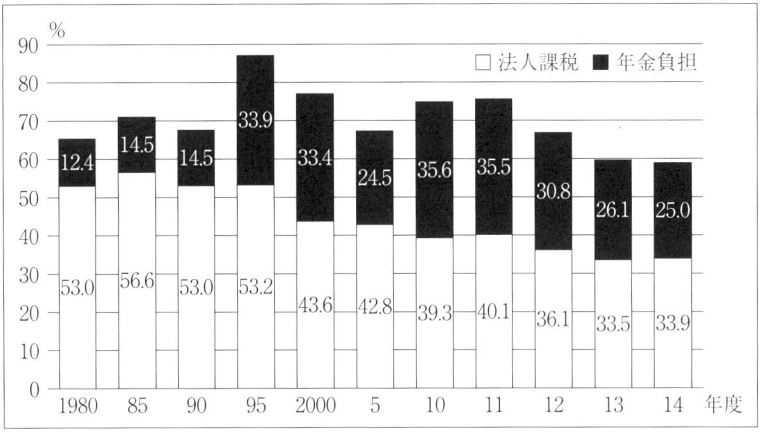

図７-５　企業の公的負担率の推移

出所：国税庁『税務統計からみた法人企業の実態』、総務省『平成28年度地方税に関する参考計数資料』、国立社会保障・人口問題研究所『社会保障費用統計』より作成。

マン・ショックによる不況で企業所得が減少したために2010年度と2011年度には約75%へと増加した。しかし、2012年度以降は法人税率が30%から25.5%へと引き下げられたため再び低下し、2014年度では58.9%となっている。

その推移を税と社会保険料に分けてみると、1990年代前半までの社会保険料負担率は10%台と小さかったが、その後徐々に増加し、1990年代後半から2000年代初めまでは30%台という状況が続いた。その後、2000年代半ばにかけては、企業所得が増加した影響で、社会保険料負担率は20%台へと低下したが、リーマン・ショックのあった2000年代後半では再び30%台へと増加した。しかし、2012年度以降は企業の社会保険料額は増加しているにもかかわらず再び20%台へと低下しており、2014年度では25%となっている。

現行の年金給付の水準を維持するならば、厚生年金保険料率は2017年9月から18.182%で固定されるため、2025年度においても企業の年金保険料負担率は変わらない。また、企業所得の成長率を厚生労働省の「社会保障に係る費用の将来推計について（2012年推計）」に示された経済成長率の仮定に従い、かつ法人税率も2014年度水準で一定と想定すると、2025年度の企業の公的負担率は2014年度と同一の58.9%と考えられる。しかし、高齢化は現状よりも進むと考えられるので、年金保険料負担率の上限の設定は早晩改定され、企業の公的負担が6割を超える時代が到来することになるであろう。

これらの考察により次の2点が明らかとなった。一つは、企業の社会保険料負担率は、社会保険料と同時に、企業所得にも影響を受けるということである。つまり、企業所得の伸びが企業の社会保険料負担の伸びを超えていれば、企業の社会保険料負担率を抑えることができる可能性がある。他の一つは、企業の公的負担率に占める社会保険料負担率の重さは、かなり大きいということである。今後の社会保障給付費の増大に伴い、社会保険料の負担はこれからも増加する。これは、労働コストなどの上昇を通じて企業の収益率を低下させ、投資に対して抑制的に働く可能性があるので、経済に悪影響を与えるおそれがある。近年、法人税率は国際競争力の観点から引き下げられる傾向にあるが、その水準においては、社会保険料も含めた公的負担率という概念にもとづいて議論していく必要があろう。

7-5　消費税の引き上げ

高齢化に伴う家計や企業の税・社会保険料負担の増大は経済にさまざまな悪影響を与えると考えられるから、早急な社会保障制度改革が必要である。そうした制度改革には、「社会保障の効率化」と「財源調達の効率化」という二つのアプローチがある。もちろん、前者のアプローチに従うならば大胆な制度改革も必要となろう。しかし、保障レベルの大幅な引き下げや財政方式の変更などについて、国民的合意を形成するのはそれほど容易ではない。そこで、ここでは後者のアプローチにもとづいて、社会保障の水準は変えずに、その財源調達をより効率的なかたちへと変えていく可能性を模索する。

(1)有効性

まず、国と地方の税・社会保険料負担の構成比(2014年度時点)を表7-2でみていこう。最も規模が大きいのは社会保険料であり、全体の39.7%を占

表７－２　税・社会保険料負担の構成比

（単位：％）

	1990年度	1995年度	2000年度	2005年度	2010年度	2014年度
社会保険料	26.5	33.6	35.2	36.9	41.1	39.7
労働所得課税	26.7	21.5	20.0	17.9	18.3	18.5
法人課税	22.3	16.0	13.9	15.7	11.7	13.0
消費税	4.4	5.4	9.1	9.5	9.6	12.2
その他	20.2	23.5	21.9	20.1	19.3	16.6
合計	100.0	100.0	100.0	100.0	100.0	100.0

出所：財務省『財政金融統計月報・租税特集』、内閣府『国民経済計算年報』より作成。

めている。次に労働所得課税と法人課税がそれぞれ18.5％と13％であり、続いて消費税が12.2％となっている。なお、その他には前述以外のすべての税が含まれているため16.6％となっている。以上の点をまとめると、わが国の税・社会保険料負担の特徴は次の２点にあるといえる。一つは、社会保険料負担の規模が税に比べてかなり大きくなっている点。他の一つは、税に限ってみると、労働所得や法人所得という所得に対する課税が相対的に重くなっている点である。

こうした社会保険料と所得課税中心の税体系のもとでは、家計や企業の税・社会保険料負担の増加は可処分所得あるいは企業所得の減少を通じて、家計の勤労意欲や企業の成長意欲を大きく阻害するおそれがある。では、将来必要となる社会保障給付費の増加分をどのように賄っていけばよいのであろうか。

まず、事実認識としては、マクロ的にみた公的負担率は家計の賃金・報酬に対しては23.9％、企業では図７－５に示したように58.9％にも達しており、これ以上の社会保険料や労働所得課税・法人課税の大幅な引き上げはかなり難しい状況になっていると考えられる（5）。理論的には、効率性という点では、社会の財・サービスを生産することで得られた所得に課税するよりも、それを消費する際に課税する方が人々の勤労意欲を阻害しない。また公平性という点からすると、消費税は現役世代と退職者世代に公平に課税することができる。さらに、社会保険料と所得課税は可処分所得を直接減少させるが、消費税は消費を通じる分だけ家計に選択の余地を残すことができる。したがって、社会保障給付費をより効率的な財源で賄っていくには、消費税の引き上げを受け入れざるを得ないであろう。

(2) 問題点

では、将来必要となる社会保障給付費を消費税で賄うとすると、消費税率はどれだけ引き上げなければならないのであろうか。そこで2014年度から2025年度における社会保障給付費のうち年金にかかる負担の増加分を消費税で賄うケースを想定してみよう。2014年度における年金の財政規模は54.3兆円で、その財源は社会保険料34.9兆円、公費12.1兆円である。これに対して、2025年度の年金の財政規模は60.4兆円と見込まれるが、その財源は社会保険料と公費でそれぞれ44.1兆円と13.7兆円と予測されているので、2014年度からの増加額はそれぞれ9.2兆円と1.6兆円となる。一方、2014年度から2016年度における消費税率1%当たりの平均税収は約2.7兆円である。これを用いて、年金にかかる負担のうち社会保険料の実質増加分(8.0兆円)を消費税で賄うとすると、消費税率は3%引き上げなければならなくなる。さらに公費の実質増加分(1.4兆円)を消費税で賄うならば、それに対応する引き上げ率は0.5%になる[6]。

これだけの規模の消費税率の引き上げは、それ自身が抱えるデメリットも同時に顕在化させることになる。消費税のデメリットは次の3点にある。第1に、物価の上昇を通じて消費を抑制させる可能性がある。第2に、所得税に比べて負担の逆進性が強い。第3に、免税事業者や簡易課税制度を用いているため、益税の規模が拡大する。

---

(5) マクロ的にみた家計の公的負担率=(社会保障負担額+租税負担額)/収入額。社会保障負担額には、『2014年度国民経済計算年報』(93SNA)の「付表10 社会保障負担の明細表」に掲載されている「雇用者の社会負担」を用いた。租税負担額については、「2. 制度部門別所得支出勘定」の中の「5. 家計(個人企業を含む)(2)所得の第2次分配勘定」に掲載されている「所得・富等に課される経常税」を用いた。収入額には、「2. 制度部門別所得支出勘定」の中の「5. 家計(個人企業を含む)(1)第1次所得の配分勘定」に掲載されている「賃金・報酬」を用いた。

(6) 社会保険料と公費の増加分は、厚生労働省の「社会保障に係る費用の将来推計について(2012年推計)」で使われている物価上昇率の仮定にもとづいて実質化した。

このうち、第２のデメリットである逆進性を図７－６に示した年間収入五分位階級別にみた消費税負担率でみていこう。消費税負担率の第Ｉ階級と第Ｖ階級の差は、1995年（消費税率３％）では0.47％ポイント、2000年（消費税率５％）では0.85％ポイント、2015年（消費税率８％）では1.62％ポイントと、消費税率が引き上がるにつれて大きくなっているが、その水準はさほど大きいとはいえない。また、逆進性の問題は低所得者層の消費税負担を軽くするための政策、例えば食料品などの生活必需品に対して軽減税率を適用することや給付金の配布なども検討すれば回避できる(7)。

また、第３のデメリットとして挙げた益税の問題であるが、免税事業者については1997年度改正においてその適用範囲を狭くし、資本金1,000万円以上の新設法人（設立当初２年間）を免除対象から除外した。2003年度改正では免税点制度の適用上限が課税売上高3,000万円から1,000万円へと引き下げられた。簡易課税制度については、適用上限が当初の５億円から2003年度改正では5,000万円へと引き下げられるとともに、1991年度と1997年度改正にお

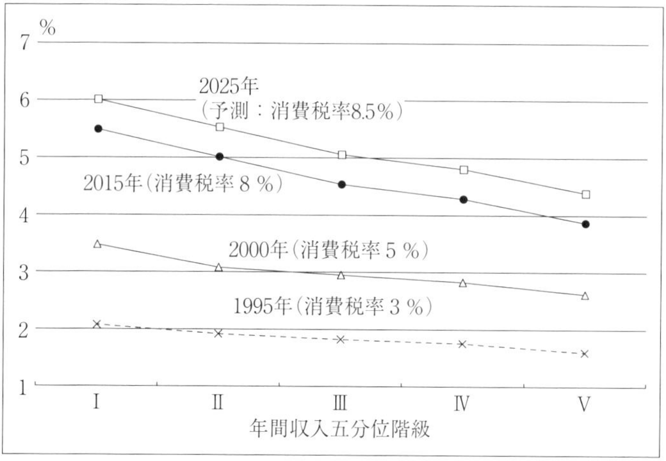

図７－６　年間収入五分位階級別にみた消費税負担率
出所：図７－３と同じ。

（７） 2014年度の消費税率引き上げ時には、市町村民税（均等割）非課税世帯を対象に、１人3,000円の臨時福祉給付金が支給された。

いてみなし仕入れ率が徐々に引き下げられている。なお、限界控除制度は1997年度改正において廃止された。

したがって消費税のデメリットとして問題となるのは、第1のデメリットである消費税の消費抑制効果である。この点については2014年度の消費税率引上げ時においても盛んな議論を呼んだ。しかし、消費税が家計消費をどれだけ減少させるのかは、いまだに実証的には確認されてはいない。そこで次に、こうした消費税の消費抑制効果を検証する。

(3) 消費抑制効果

2014年4月、消費税率が5%から8%へと引き上げられた。この年の実質GDPの対前年増加率はマイナス0.4%であったが、一般にその原因は消費税率の引き上げに端を発した家計消費の落ち込みにあるといわれている。そこで、以下では消費税の消費抑制効果を検証してみよう。

ここでは、消費税導入時点(1989年度)と、税率5%への引き上げ時点(1997年度)、税率8%への引き上げ時点(2014年度)における消費税の物価への影響を明らかにし、これを踏まえて家計の消費行動の変化を分析する。具体的には、総務省の『消費者物価指数年報』に示される消費者物価指数(持家帰属家賃除く)と総務省の『家計調査年報』に示される消費支出金額の対前月変化率を求め、これより物価と消費量の変化をそれぞれ捉えることにした[8]。

消費者物価指数(持家帰属家賃除く)の対前月変化率を描いた図7-7は、いずれの年においても消費税の価格への転嫁は4月で終わっていることを示している。

続いて図7-8により家計の消費量の対前月変化率をみると、いずれの年でも3月には駆け込み需要により大きく増加し、4月には物価が上昇することから一時的に減少するが、6月にはすでにその影響はなくなっている。しかし、

(8) 季節的変化と傾向的変化の調整は、1989年度については1986~1992年(1989年を除く)における各月の対前月上昇率の平均が季節的・傾向的変化を含んだものと考え、これを1989年度の各月の上昇率から差し引いて行った。1997年度については1994~2000年(1997年を除く)のデータを用いて同様の処理をした。2014年度については2010~2016年(2014年を除く)のデータを用いて同様の処理をした。

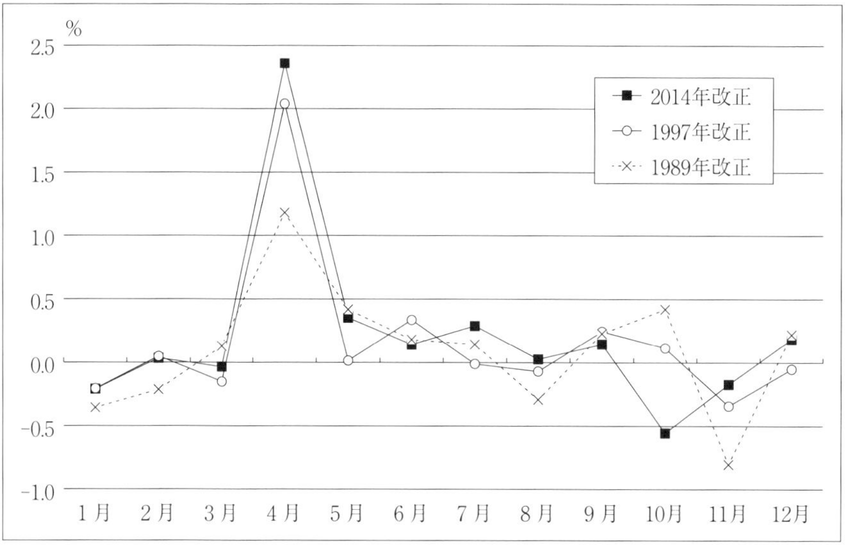

図7-7　消費者物価指数（持家帰属家賃除く）の対前月変化率

出所：総務省統計局『消費者物価指数年報』より作成。

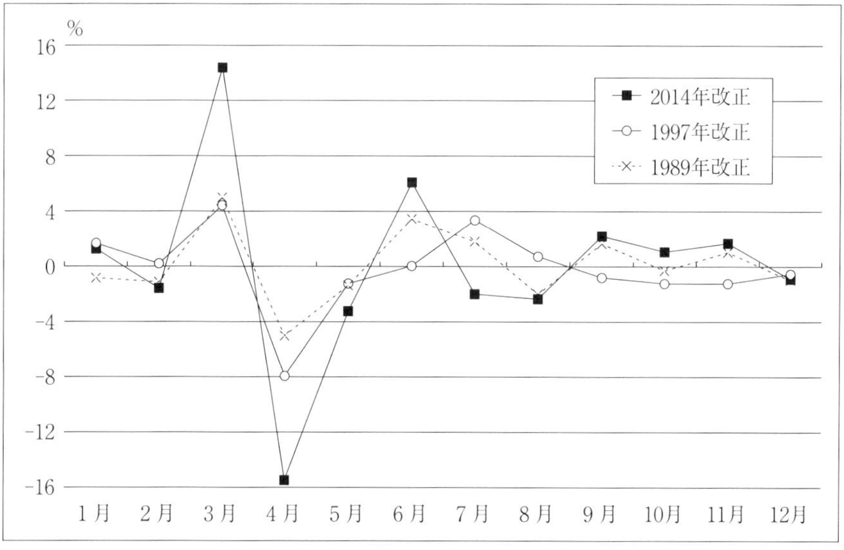

図7-8　家計消費量の対前月変化率

出所：図7-3と同じ。

9月以降では、1989年では家計の消費量の変化率はおおむねプラスであったのに対し、1997年では1％という低水準とはいえ、変化率はマイナスが続いた。これが1997年の消費不況の実態である。また、2014年の消費不況では、7月と8月において、家計の消費量の変化率はおよそ2％の水準でマイナスとなった。

これらの消費不況の原因は消費税引き上げによるものであろうか。1997年の消費不況から考えていこう。この時期の物価には上昇傾向よりもむしろ低下傾向がみられることから、消費の落ち込みは価格による影響とは考えにくい。そこで、図7-9により家計の可処分所得の対前年変化率をみると、1997年9月以降には明らかに低下傾向がみられる。これは、1994年度より3年間にわたって実施された所得税と個人住民税の特別減税が廃止されたことと社会保険料の負担増があったためである(9)。さらに、1997年7月にアジア通貨危機が

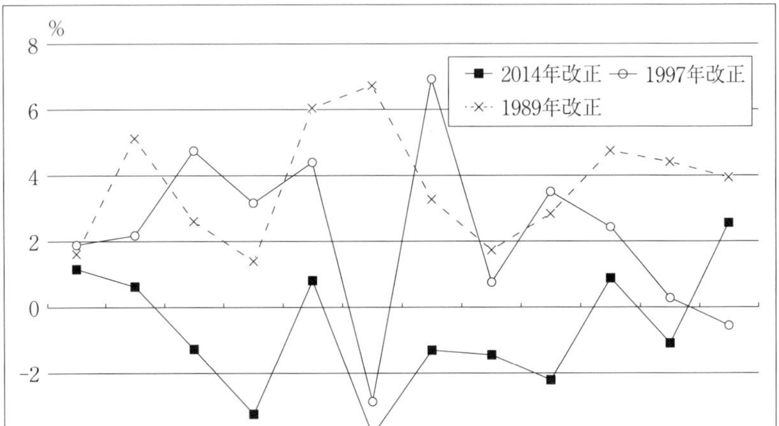

図7-9　家計の可処分所得の対前年変化率

出所：図7-3と同じ。

(9)　1994年度税制改正により、1994年度に5.5兆円、1995年度と1996年度にそれぞれ2兆円という規模の特別減税が実施された。1997年6月における家計の可処分所得の対前年変化率が著しく低下するのは、個人住民税の特別減税が廃止されたためである。また、1997年9月以降の家計の可処分所得の対前年変化率の低下には、健康保険の保険料率が引き上げられたことも影響している。

発生したこと、11月には北海道拓殖銀行と山一証券が相次いで破たんしたことも心理的に影響していたと思われ、消費不況の原因は消費税引き上げによるものとは考えにくい。

次に、2014年の場合でも、物価にはやはり上昇傾向はみられない。むしろ図７－９に示したように、家計の可処分所得は2014年当初から低下しており、これは景気の落ち込みで賃金が低下していたためと考えられ、消費税引き上げは所得低下による消費の落ち込みをさらに強めたものといえよう。

このように消費税の引き上げが消費を減少させるのは、むしろ一時的なものであり、その税率がまだ低いということもあるが、消費税の消費抑制効果はこれまで懸念されてきたほど大きいものではない。また、表７－１に示した今後の社会保障にかかる負担の増加分をすべて消費税で賄うとすると、その分の税率は14%（＝36.8÷2.7兆円）程度であり、2019年10月に予定されている２%の引き上げ分を加えると、消費税率は24%（＝８＋14＋２）になると予想されるが、必要となる財源すべてを消費税で賄うことになるとは考え難い。社会保険料の引き上げで賄う部分を考慮すれば、消費税率の引き上げを伴う課税のバランスを考慮した税制改革を同時に実施することも十分可能であろう。したがって、将来必要となる社会保障給付費の一定部分を消費税の引き上げで賄うという改革は十分に有効なのである。

７－６　財源調達からみた制度改革

今後急速に進行する高齢化は、年金・医療・介護という高齢者関係給付費の増加を通じて社会保障給付費をますます増大させる。これに伴い、年金・医療・介護の社会保険料負担は上昇することになるので、もし社会保障の水準を削減できなければ、2025年度におけるマクロでみた家計の公的負担率は24.8%、企業の公的負担率は58.9%となり、これ以上の負担を求めることは難しいといえよう。

そうした税・社会保険料負担を家計や企業に強いることは、所得の低下を通じた消費・投資の減少という側面や現役世代への過度な負担による彼らの労働・貯蓄インセンティブの阻害という側面から、経済にさまざまな悪影響を与えるおそれがある。そこで本章では、より効率的な財源調達という立場から、将来必要となる社会保障給付費の一定部分を消費税で賄う案を提案するとともに、その有効性を検証した。

その検証結果では、消費税の消費抑制効果は本質的には一時的なものであり、それほど大きくないことが分かった。また、消費税率の引き上げを好景気時に実施すれば、消費者の心理面への悪影響も小さくなる。したがって、今後急激に増加する社会保障給付費の財源として消費税は十分に有効であることが確かめられた。

最後に、将来消費税率を引き上げていく上で、取り組まなくてはならない課題について触れることにする。第１に、消費税負担には弱いとはいえ逆進性があるので、消費税率を引き上げる場合には低所得者層に対する配慮が必要である。2019 年 10 月の消費税引き上げ時には食料品等に対して軽減税率が導入されることになっているが、給付金制度も並行して検討しておく必要があろう。第２に、こうした消費税の軽減税率を正しく実行するためには、消費税制をアカウント方式からインボイス方式へ移行することが必要であり、この準備段階として、1997 年度より仕入れ税額控除の適用要件として帳簿および請求書等の保存が義務づけられた。さらに、2023 年 10 月からインボイス方式が施行されることとなっている。この前倒しや確実な実施は重要課題である。

第３に、社会保障のサービス受給者の多くが高齢者であることを考慮すると、この社会保障制度を維持するために税制改革を実施する以上、高齢者自身にかかわる税制も適正なものへと見直す必要があろう。具体的には、相続税のあり方も再検討すべきである。

結　び

社会保障にかかる費用は、予算規模では30兆円、給付規模では100兆円を超え、膨大な規模になってきている。しかし、このコストを負担せずに、社会の安定化と経済成長を同時に作り出すことは不可能である。世界第3位の経済規模を有する日本からみれば、まだ十分に負担することが可能な範囲のコストである。もちろん個々の社会保障制度が多くの問題を抱えていることも、本書の数量分析から明らかにされたところであるが、制度自体は世界に誇りうる緻密で頑健な制度といえるのではないだろうか。

政権交代に伴って人気取りと思われるような政策がとられることもあったが、基本的な柱は崩されることなく、比較的安定的な制度運営がなされてきた。21世紀後半にむけて、現行制度をそのまま維持していくのか、あるいは大幅に改革をしていくのか、かなり大きく分かれた議論が展開されている昨今ではあるが、もちろんある程度の効率化は必要と考えられるものの、年金・医療・介護においては基本的な制度はむしろ確実に維持していく必要がある。

介護保険については、20世紀末に作られたばかりのものであり、まだ十分な経験値が得られていない。予防介護等の議論と今後の医療技術の発展とを加味しながら、制度の改革を検討していく必要がある。

貧困や失業の問題については、社会保障の問題というよりは、むしろ経済政策の問題といえる部分が多いので、制度を大幅に変更していく必要がないことが本書では示された。

現在、医療・介護・福祉などで地域包括ケアシステムの確立が本格的に議論されているが、公的なサービスの守備範囲と私的なサービスの守備範囲をどう位置付けるか、また非営利組織の活動をどのように組み込んでいくか、いわゆる「共助」の体制をどう作り上げるかが大きな課題である。もちろん年金・医療・介護のどれに対しても、「自助」努力ということが忘れられてはならない部分である。「自助」と「共助」と「公助」、このバランスをうまくとっていくように、公的な社会保障制度の部分的なリフォームにあたっては、この三つのバランスをうまくとらなくてはならない。

戦後72年間をかけて築き上げてきた日本の社会保障制度の根幹を守りながら、むしろどのようなマイナーチェンジをすべきかを検討していくことがこれからの重要な課題となるということを最後に指摘しておきたい。

今後の社会保障制度のあり方を議論する際に、本書の数量分析にもとづいた現状把握とその改革論議が一助になれば幸いである。

なお、本書の出版に際しては、甲南女子学園の平成29年度学術研究及び教育振興奨励基金からの助成金を受けた。

参考資料

〈統計資料〉

経済産業調査会編『平成25年産業連関表（延長表）』

国立社会保障・人口問題研究所『日本の将来推計人口（2012年1月推計）』
（http://www.ipss.go.jp/syoushika/tohkei/newest04/sh2401top.html）

国立社会保障・人口問題研究所「生活保護に関する公的統計」
（http://www.ipss.go.jp/s-info/j/seiho/seiho.asp）

国立社会保障・人口問題研究所『社会保障費用統計』各年版
（http://www.ipss.go.jp/site-ad/index_Japanese/security.html）

国立社会保障・人口問題研究所『社会保障統計年報』各年版
（http://www.ipss.go.jp/site-ad/index_Japanese/securityAnnualReport.html）

国税庁『税務統計から見た法人企業の実態』各年版
（https://www.nta.go.jp/kohyo/tokei/kokuzeicho/tokei.htm）

厚生労働省『医師・歯科医師・薬剤師調査』各年版
（http://www.e-stat.go.jp/SG1/estat/NewList.do?tid=000001030962）

厚生労働省『被保護者調査』（旧：厚生労働省『被保護者全国一斉調査』、厚生労働省『社会福祉行政業務報告(福祉行政報告例)』）各年版
（http://www.e-stat.go.jp/SG1/estat/GL02100104.do?gaid=GL02100102&tocd=00450312）

厚生労働省「被保護者調査（月次調査）」
（http://www.mhlw.go.jp/toukei/list/74-16b.html）

厚生労働省『平成27年人口動態統計』
（http://www.e-stat.go.jp/SG1/estat/NewList.do?tid=000001028897）

厚生労働省『介護保険事業状況報告年報』各年版
（http://www.e-stat.go.jp/SG1/estat/NewList.do?tid=000001031648）

厚生労働省『介護給付費等実態調査報告』（旧：厚生労働省『介護給付費実態調査報告』）各年版
（http://www.e-stat.go.jp/SG1/estat/GL08020101.do?_toGL08020101_&tstatCode=000001074967）

厚生労働省『介護サービス施設・事業所調査』各年版
（http://www.e-stat.go.jp/SG1/estat/NewList.do?tid=000001029805）
厚生労働省「介護サービス施設・事業所調査の概況」各年版
（http://www.mhlw.go.jp/toukei/list/24-22-2c.html）
厚生労働省『国民医療費』各年版
（http://www.e-stat.go.jp/SG1/estat/NewList.do?tid=000001020931）
厚生労働省『国民健康保険事業年報』各年版
（http://www.e-stat.go.jp/SG1/estat/GL02100104.do?gaid=GL02100102&tocd=00450396）
厚生労働省『国民生活基礎調査』各年版
（http://www.e-stat.go.jp/SG1/estat/NewList.do?tid=000001031016）
厚生労働省『厚生年金保険・国民年金事業年報』各年版
（http://www.e-stat.go.jp/SG1/estat/NewList.do?tid=000001064713）
厚生労働省『平成28年版厚生労働白書』
厚生労働省『社会医療診療行為別調査』各年版
（http://www.e-stat.go.jp/SG1/estat/NewList.do?tid=000001029602）
厚生労働省「職業安定業務統計」
（http://www.mhlw.go.jp/toukei/list/114-1.html）
厚生労働統計協会『保険と年金の動向』各年版
内閣府『国民経済計算年報』各年版
（http://www.esri.cao.go.jp/jp/sna/menu.html）
内閣府『平成28年高齢社会白書』
生活保護研究会『平成28年度版生活保護の手引き』
生命保険文化センター「平成27年生命保険に関する全国実態調査」
（http://www.jili.or.jp/research/report/zenkokujittai_h27st_1.html）
総務省『家計調査年報』各年版
（http://www.stat.go.jp/data/kakei/index3.htm）
総務省『労働力調査年報』各年版（旧：総務省『労働力調査特別調査』）
（http://www.stat.go.jp/data/roudou/longtime/03roudou.htm）
総務省『産業連関表』各年版

(http://www.soumu.go.jp/toukei_toukatsu/data/io/ichiran.htm)
総務省『消費者物価指数年報』各年版
(http://www.stat.go.jp/data/cpi/1.htm)
総務省『平成28年度地方税に関する参考計数資料』
(http://www.soumu.go.jp/main_sosiki/jichi_zeisei/czaisei/czaisei_seido/ichiran06_h28.html)
総務省『全国消費実態調査報告』各年版
(http://www.e-stat.go.jp/SG1/estat/NewList.do?tid=000001073908)
財務省『財政金融統計月報・租税特集』各年版
(http://www.mof.go.jp/pri/publication/zaikin_geppo/index.htm)
全国健康保険協会『事業年報』各年版
(https://www.kyoukaikenpo.or.jp/g7/cat740/sb7200/sbb7200/270407)
OECD Health Statistics 2017
(http://www.oecd.org/els/health-systems/health-data.htm)

〈関連資料〉

厚生労働省「社会保障に係る費用の将来推計の改定について（2012年推計）」
(http://www.mhlw.go.jp/seisakunitsuite/bunya/hokabunya/shakaihoshou/dl/shouraisuikei.pdf)
厚生労働省保険局医療課「平成28年度診療報酬改定の概要（DPC制度関連部分）」
(http://www.mhlw.go.jp/file/06-Seisakujouhou-12400000-Hokenkyoku/0000115023.pdf)
厚生労働省年金局「平成28年度の国民年金の加入・保険料納付状況」
(http://www.mhlw.go.jp/topics/bukyoku/nenkin/nenkin/toukei/dl/k_h28.pdf)
厚生労働省年金局数理課「国民年金及び厚生年金に係る財政の現況及び見通し―平成26年財政検証結果―」
(http://www.mhlw.go.jp/stf/seisakunitsuite/bunya/0000093204.html)
厚生労働省老健局高齢者支援課「特別養護老人ホームの入所申込者の状況」
(http://www.mhlw.go.jp/file/04-Houdouhappyou-12304250-Roukenkyoku-Koureishashienka/0000157883.pdf)

厚生労働省社会・援護局「2025年に向けた介護人材にかかる需給推計について」
(http://www.mhlw.go.jp/file/04-Houdouhappyou-12004000-Shakaiengokyoku-Shakai-Fukushikibanka/270624houdou.pdf_2.pdf)

厚生労働省・社会保障審議会介護保険部会（平成28年10月19日） 参考資料2「費用負担(総報酬割)」
(http://www.mhlw.go.jp/file/05-Shingikai-12601000-Seisakutoukatsukan-Sanjikanshitsu_Shakaihoshoutantou/0000140159.pdf)

厚生労働省・社会保障審議会年金部会（平成20年5月20日） 参考資料4「生活保護制度との関係について」
(http://www.mhlw.go.jp/shingi/2008/05/dl/s0520-7j.pdf)

厚生労働省保険局・医療費の将来見通しに関する検討会（2007年2月6日） 配布資料1－3「医療費の要素分解」
(http://www.mhlw.go.jp/shingi/2007/02/dl/s0206-5c.pdf)

日本経済新聞社「優良介護にアジア人材呼び込み　官民組織が情報提供」2017年1月7日付朝刊、5ページ

参考文献

阿部彩・國枝繁樹・鈴木亘・林正義（2008）『生活保護の経済分析』東京大学出版会。

阿部彩（2008）『子どもの貧困―日本の不公平を考える』岩波新書。

阿部彩（2014）『子どもの貧困〈2〉―解決策を考える』岩波新書。

足立正樹編（2003）『各国の社会保障』第3版、法律文化社。

跡田直澄（1995）『経済厚生と制度デザイン―租税・年金政策のシミュレーション分析―』大阪大学博士学位論文。

跡田直澄・赤木博文・佐藤雅代（2000）「第2章　厚生年金改革と企業の公的負担」『企業税制改革―実証分析と政策提言』跡田直澄編著、p.30-40、日本評論社。

一圓光彌・林宏昭編著（2014）『社会保障制度改革を考える―財政および生活保護、医療、介護の観点から』中央経済社。

市岡修（1991）『応用一般均衡分析』有斐閣。

井堀利宏・金子能宏・野口晴子編（2012）『新たなリスクと社会保障―生涯を通じた支援策の構築』東京大学出版会。

飯野靖四・林正寿・深谷昌弘・本間正明・山本栄一（1979）『テキストブック財政学』有斐閣。

池田省三（2007）「「贅沢」な介護保険とサービスの「貧困」」『日本精神科病院協会雑誌』26（9）、p.839-844。

岩本康志・福井唯嗣（2012）「医療・介護保険の積立方式への移行に関する確率シミュレーション分析」『会計検査研究』46、p.11-32。

岩本康志・鈴木亘・両角良子・湯田道生（2016）『健康政策の経済分析―レセプトデータによる評価と提言』東京大学出版会。

上村敏之・足立泰美（2015）『税と社会保障負担の経済分析』日本経済評論社。

浦川邦夫（2014）「貧困線の設定と貧困の測定」『貧困研究』13、p.4-16。

浦川邦夫・小塩隆士（2016）「貧困測定の経済理論と課題」『経済研究』67（3）、p.261-284。

牛丸聡（2005）「社会保障のガバナンス」『季刊社会保障研究』41（3）、p.200-210。

大日康史（1997）「新ゴールドプランによる労働創出効果に関する研究」『医療と社

会』7（2）、p.98-119。
大竹文雄（2005）『日本の不平等』日本経済新聞出版社。
大守隆・田坂治・宇野裕・一瀬智弘（1998）『介護の経済学』東洋経済新報社。
小塩隆士・田近栄治・府川哲夫（2006）『日本の所得分配―格差拡大と政策の役割』東京大学出版会。
小塩隆士・浦川邦夫（2008）「貧困化する日本の世帯：2000年代前半における所得格差・貧困・極化」『国民経済雑誌』198（2）、p.39-54。
小塩隆士（2010）『再分配の厚生分析―公平と効率を問う』日本評論社。
小塩隆士（2013）『社会保障の経済学』第4版、日本評論社。
小塩隆士・田近栄治・府川哲夫（2014）『日本の社会保障政策―課題と改革』東京大学出版会。
金子能宏（2011）「社会保障分野における技術進歩、産業発展と経済成長」『季刊社会保障研究』47（2）、p.119-133。
河口洋行（2015）『医療の経済学―経済学の視点で日本の医療政策を考える』第3版、日本評論社。
菅万理・梶谷真也（2014）「公的介護保険は家族介護者の介護時間を減少させたのか？：社会生活基本調査匿名データを用いた検証」『経済研究』65（4）、p.345-361。
加藤久和・財務省財務総合政策研究所編著（2016）『超高齢社会の介護制度―持続可能な制度構築と地域づくり』中央経済社。
木村陽子（1997）「介護費用の推計とその経済効果」『日本経済研究』33、p.145-176。
京極高宣（2007）『社会保障と日本経済―「社会市場」の理論と実証』慶應義塾大学出版会。
国立社会保障・人口問題研究所編（2009）『社会保障財源の効果分析』東京大学出版会。
国立社会保障・人口問題研究所編（2009）『社会保障財源の制度分析』東京大学出版会。
駒村康平・渋谷孝人・浦田房良（2004）『年金と家計の経済分析』東洋経済新報社。
駒村康平（2014）『日本の年金』岩波新書。
黒崎卓（2009）『貧困と脆弱性の経済分析』勁草書房。

齊藤愼・山本栄一・一圓光彌編（2002）『福祉財政論―福祉政策の課題と将来構想』有斐閣。

橘木俊昭・浦川邦夫（2006）『日本の貧困研究』東京大学出版会。

田近栄治・佐藤主光（2005）『医療と介護の世代間格差―現状と改革』東洋経済新報社。

田近栄治・菊池潤（2012）「医療保障における政府と民間保険の役割：理論フレームと各国の事例」『フィナンシャル・レビュー』2012（４）、p.8-28。

高橋洋一（2004）「財政問題のストック分析：将来世代の負担の観点から」独立行政法人経済産業研究所ディスカッション・ペーパー 04-J-019。

高山憲之（1980）『不平等の経済分析』東洋経済新報社。

竹中平蔵編著（2016）『バブル後25年の検証』東京書籍。

友田康信・青木芳将・照井久美子（2004）「施設介護に関する理論分析」『季刊社会保障研究』39（４）、p.446-455。

豊田敬（1975）「所得分布の不平等度―不平等度の比較と尺度」『国民経済』134、p.5-41。

豊田敬・和合肇（1977）「昭和40年代の職業別所得不平等度とその計測」『国民経済』137、p.41-60。

西村周三（2000）『保険と年金の経済学』名古屋大学出版会。

新村出編（2008）『広辞苑』第6版、岩波書店。

橋本英樹・泉田信行編（2016）『医療経済学講義』補訂版、東京大学出版会。

橋本恭之（2009）『日本財政の応用一般均衡分析』清文社。

八田達夫・小口登良（1999）『年金改革論―積立方式へ移行せよ』日本経済新聞出版社。

伴金美（1991）『マクロ計量モデル分析―モデル分析の有効性と評価』有斐閣。

東田勉編著（2015）『完全図解介護のしくみ』改訂第3版、三芳春樹監修 講談社。

府川哲夫・加藤久和編著（2006）『年金改革の経済分析―数量モデルによる評価』日本評論社。

前川聡子（2012）「日本における企業の社会保障負担の変化：SNAデータに基づく事業主負担率の計測」『社会保障と財政を考える―医療・介護政策と財政負担の方

向から―』関西大学経済・政治研究所第 153 冊、p.93-106。
宮島洋（1992）『高齢化時代の社会経済学』岩波書店。
宮島洋・西村周三・京極高宣編（2010）『社会保障と経済〈２〉 財政と所得保障』東京大学出版会。
宮里尚三（2015）「公的年金、世代間格差に関する経済分析：サーベイと今後の展望」『経済集志』84（４）、p.275-285。
椋野美智子・田中耕太郎（2017）『はじめての社会保障―福祉を学ぶ人へ』第 14 版、有斐閣アルマ。
村上雅子（1999）『社会保障の経済学』第２版、東洋経済新報社。
山田篤裕（2014）、「第１章　日本の社会扶助―国際比較から観た生活保護基準の目標性」、『最低生活保障と社会扶助基準：先進８ケ国における決定方式と参照目標』山田篤裕・布川日佐史・『貧困研究』編集委員会編、明石書店、p.11-32。
山崎幸治（1998）「第３章　貧困の計測と貧困解消政策」『開発と貧困：貧困の経済分析に向けて』（研究双書 487）絵所秀紀・山崎幸治編、アジア経済研究所、p.73-130。
八代尚宏・小塩隆士・寺崎泰弘・宮本正幸（1996）「介護保険の経済分析」『経済分析―政策研究の視点シリーズ』Vol.５、経済企画庁経済研究所。
安岡匡也・中村保（2012）「内生的出生率と介護保険制度：リスクプール効果と制度維持可能性の考察」『経済研究』63（１）、p.１-16。
横山寛和（2015）『公的年金の持続可能性分析』日本評論社。
吉田有里（1998）「厚生分析用 CGE モデルのパラメーター推計」、『国際公共政策研究』２（１）、p.251-272。
吉田有里（2001）「介護保険制度の経済分析」『季刊社会保障研究』37（２）、p.139-150。
吉田有里（2011）「所得分配論議の再検討:世代別考察の必要性」『甲南女子大学研究紀要 人間科学編』（48）、p.69-78。
吉原健二・和田勝（2008）『日本医療保険制度史』東洋経済新報社。

Atkinson, A. B. and J. E. Stiglitz (2015), *Lectures on Public Economics*, Princeton

University Press.

Auerbach, A. J. and R. Chetty, M. Feldstein, E. Saez (2013) *Handbook of Public Economics*, Vol. 5, North Holland.

Ballard, C. L., and D. Fullerton, J. B. Shoven, and J. Whalley (1985) *A General Equilibrium Model for Tax Policy Evaluation*, Chicago, University of Chicago Press.

Barrientos, A. and D. Hulme (2008), *Social Protection for the Poor and Poorest: Concepts, Policies and Politics*, Palgrave Macmillan.

Boldrin, M. and D. N. Mariacristina and E. J. Larry (2015) "Fertility and social security access," *Journal of Demographic Economics*, Vol.81 (3), p.261-299.

Cowell, F. A. and K. Kuga (1981) "Additivity and Entropy Concept: An Axiomatic Approach to Inequality Measurement," *Journal of Economic Theory*, Vol.25(1), p. 131-143.

Diamond, P. A. (1996) "Proposals to restructure social security," *Journal of economic Perspectives*,,Vol.10 (1), p.67-88.

Gustafsson, B. A. and N. A. Klevmarken (1989), *The political economy of social security : Contributions to Economic Analysis*, North-Holland.

Goudswaard, K. and K. Caminada (2015) "Social security contributions: economic and public finance considerations" International Social Security Review, Vol.68 (4), p. 25-45.

Harper, S. (2014) "Economic and social implications of aging societies," *Science*, Vol.346 (6209), p.587-591.

Lindert, P. H. (2004), *Growing public: social spending and economic growth since the eighteenth century (2th edition)*, Cambridge University Press.

Nolan, B. and W. Salverda, D. Checchi, I. Marx, A. McKnight, I. G. Tóth, Herman G. van de Werfhorst (2014) *Changing Inequalities and Societal Impacts in Rich Countries: Thirty Countries' Experiences*, Oxford University Press.

Orchansky (1965) "Counting the Poor: Another Look at the Poverty Profile," *Social Security Bulletin*, Vol.28(1), P.3-29.

Rowntree, B. S. (1901) *Poverty: A Study of Town Life, London*, Macmillan.

Shorrocks, A. F., (1980) "The Class of Additive Decomposable Inequality Measures," *Econometrica*, Vol.48, p.613–625.

Shoven, J. B. and J. Whalley (1984) "Applying General Equilibrium Model of Taxation and International Trade: An Introduction and Survey," *journal of Economic Literature* Vol.22(3), p.1007–1051.

Shoven, J. B. and J. Whalley (1992) *Applying General Equilibrium*, Cambridge University Press.

Stiglitz, J. E and J.K. Rosengard (2015), *Economics of the public sector (fourth edition)*, W.W. Norton & company.

Theil, H., (1967) *Economics and Information Theory*, Amsterdam: North-Holand.

W. Beveridge, (1942) *Report on Social Insurance and Allied Services*. HMSO, (一圓光彌監訳 (2014)『ベヴァリッジ報告：社会保険および関連サービス』法律文化社)。

索　引

【あ　行】

アカウント方式　142
アトキンソン尺度　115
医師不足　60
遺族厚生年金　111
医療扶助　103
インセンティブ　131,142
インボイス方式　142
益税　136,137

【か　行】

介護給付費単位数表　89
外国人労働力　95,97
介護認定審査会　75
介護療養型医療施設　86,95
介護老人福祉施設　86,95
介護老人保健施設　86,95
確定拠出型企業年金　43,44
家計調査年報　58,138
駆け込み需要　138
可処分所得　34,37,78,127,131,135,140,141
家庭内介護財　79
家庭内介護労働時間　79
加入者割　88
簡易課税制度　137
完全積立方式　43
基礎年金　27,33,34,35,43,111
基礎年金制度　4,8
逆進性　136,137,142
逆選択　2,46,47
QOL　51
給付金制度　142
勤労意欲　124
勤労所得税負担　130,131
グループ間格差　117
グループ内格差　117
グループホーム　86
ケアプラン　75,91
軽減税率　137,142
経済波及効果　78
計算可能型一般均衡モデル　5,79,80
限界控除制度　138
限界効用　45
健康寿命　69
健康増進法　92
高額療養費制度　8,49,51,67,69,70
後期高齢者医療制度　49,55,68
後期高齢者制度　55
貢献度　117
厚生水準　78,81,82
公定価格　66,89
公的負担　70,130,131,132,133,134,135,141
公的保険　46,47
公費　129,136
公費負担　14,15,19,21,69,72,88,98,101,129,130,131
効用関数　45
功利主義　116

高齢化率　126
高齢者医療保険制度　68,70
ゴールドプラン　8,74
国内生産額　57
国民皆年金　27
国民皆保険　42,47,72,125
個人年金　43
国庫負担　15,32,39,43,70
子どもの貧困　114
子どもの貧困率　114
コメディカルスタッフ　60
混合介護　98

【さ　行】

財源調達の効率化　125,128,134
最終需要部門　57
財政安定化基金　75
財政投融資制度　14
サ高住　77,95
産業連関表　57
産出比率　57
GPIF　35
仕入れ税額控除　142
資源配分の効率化　2
市場の失敗　29,47
自宅内介護時間　79
私的年金　43
ジニ係数　115
社会支出　10,11
社会保険　47
社会保険診療報酬支払基金　47
社会保険方式　75,101
社会保険料負担　130,131,132,133,134,135,141
社会保障関係費　10
社会保障給付費　10,11,12,13,25,122,125,128,131,136
社会保障の効率化　125,127,134
就業率　105,106
修正積立方式　32
住宅扶助　34,103
就労自立給付金　112
受診率　50,53,54,69
小規模多機能型居宅介護　77
小規模多機能型施設　86
消費者物価指数　138
消費者物価指数年報　138
消費税　5,72,80,82,98,101,124,128,135,136,138,140,141,142
消費税負担率　137
消費不況　140,141
消費抑制効果　138,141,142
消費量　138,140
情報の非対称性　46,47
情報の不確実性　29
常用雇用　112
食料エネルギー摂取法　113
女性の年金権　8,27
所得代替率　8,28,32,33,37
所得に対する課税　135
新ゴールドプラン　74
診断群分類　63
診療報酬　5,48,54,55,60,62,63,64
診療報酬制度　60,62

成果主義 119
生活援助サービス市場 98
生活扶助 34,103
生活保障 9
税方式 75
セーフティーネット 112,122
世代間の収益率 30
世代別のライフサイクル 120,122
絶対的貧困 113
前期高齢者財政調整制度 68
潜在的貧困率 115
相関係数 117
相続税 142
相対的厚生変化率 80,82
相対的貧困 5,113,114,122
総報酬制割 88
措置 74,75
措置法式 101

【 た 行 】

対数分散 115
タイル尺度 115,116
地域医療構想 50
地域包括ケアシステム 77
地域包括支援センター 77
治験 66,67
賃金構造 121
賃金スライド 32
賃金・物価スライド 29
賃金・物価スライド制度 27
積立金 29,32,35,36,39,42
低年金 110,111
出来高払い方式 62,90
転嫁 138
点数制度 51
等価可処分所得 113,114
動学的一般均衡モデル 79
投入係数 79
特定機能病院 50,62
特別減税 140
ドラッグ・ラグ 66,67

【 な 行 】

内生部門 57
長瀬効果 50,91
ナショナル・ミニマム 45,70
日本年金機構 111
認証期間 67
認定率 86,87,91,92
年金給付水準 8
年金債務 30,36
年功序列 118
納付率 22,24

【 は 行 】

バール介護 99
バイオ医薬品 57
非正規雇用 106,119,121
被保護人員 24,102,122
被保護世帯 22,24,25,102,103,104,109,122
病院のサロン化 48
標準世帯 41
非労働力化 108,109,120

貧困　101,102,112,115,122
貧困線　113,114,115
付加価値率　79
不確実性　45,47
福祉元年　8,27,48,125
物価　138,140,141
物価スライド　28,32,125
物価スライド制度　8
不平等度　5,101,114,115,116,117,118,119,120,121,122,123
分散　115
分配の公正化　2,3
ベヴァリッジ報告　1
ベーシック・ニーズ費用法　113
ポイント制度　92
包括払い方式　51,62
報酬比例　33,43
法人課税　135
保険料免除制度　42

【ま　行】

マクロ経済スライド　4,29,32
マクロ経済スライド制度　28
未加入　110
みなし仕入れ率　138
ミニマムアクセス　51
民間保険　46,72
無年金　110,111
メディケア　70
メディケイド　70
免除制度　111
免税事業者　137
免税点制度　137
モラルハザード　69

【や　行】

薬価基準　5,48,54,55,62,66
薬価差益　66
有効求人倍率　95
要介護　73,74,75,77,83,90,98
要支援　74,75,77,83,90,98
予防医療　69
予防給付　75,77

【ら　行】

リスク回避　45,46
療養型病床群　50
利用率　86,91
累進課税　101,115
累進課税制度　122
老人医療費支給制度　48
老人医療費の無料化　8,48
老人保健制度　67
労働インセンティブ　42
労働コスト　127,134
労働所得課税　135
ロジットモデル　78

【わ　行】

ワンデル勧告　7

著者略歴

吉田 有里（よしだ・ゆり）

1995年名古屋市立大学卒業、1997年名古屋市立大学大学院博士前期課程修了、2000年大阪大学大学院博士後期課程修了、大阪大学博士（国際公共政策）取得、2001年甲南女子大学人間科学部専任講師就任、2005年甲南女子大学人間科学部准教授、現在に至る。

［専門分野］
社会保障、財政学、公共政策

［主な論文］
「介護保険制度の経済分析」（『季刊社会保障研究』Vol.37(2)）
「所得分配論議の再検討：世代別考察の必要性」（『甲南女子大学研究紀要 人間科学編』第48号）

社会保障《しゃかいほしょう》の数量分析《すうりょうぶんせき》

2017年11月10日　発行

著　者　吉田《よしだ》 有里《ゆり》

発行者　小泉 定裕

発行所　株式会社 清文社

東京都千代田区内神田１-６-６（MIF ビル）
〒101-0047　電話 03(6273)7946　FAX 03(3518)0299
大阪市北区天神橋２丁目北2-６（大和南森町ビル）
〒530-0041　電話 06(6135)4050　FAX 06(6135)4059
URL　http://www.skattsei.co.jp/

印刷：亜細亜印刷㈱

ISBN978-4-433-41157-2